林祖藻 主編

明清科考墨卷集

第十冊

卷二十八
卷二十九
卷三十

LITERARY TIMES
蘭臺出版社

第十冊　卷二十八

未若貧而　斯之謂歟　方太尊課取

超等一名林元炳

以進境勗賢者因聖言而悟於詩焉夫樂與好禮貧富中之進境也然豈獨貧富也哉載咏衛風賜不已悠然有會乎且境之有可臻者必其無可止者也彼或挾一得以自矜則亟待無以淑身世（反己振其本之效）相遭之境抑且無以策學人攻苦之神顧廣以程途知得升非堪滿志而觸乎義類覺當前如証媕修相勉深而相悟神夫固已破自足之思而悠然於咏嘆之際也已無諂無驕固為可矣雖然豈如斯而已哉今夫彌進而彌上者理之所以無窮期也而相形而見拙者境之所以難自足也識不超不足以淡天下之遇夫忮求

既泯進德有其基而操守雖嚴官骸猶束則甕牖中不聞金石也
而何以泌水興思且得以容與逍遙恬淡而不失高人封條若姻一紀氣邪
嚴不足以捐鄙吝之萌夫驕吝不形淑身有其準而矜情雖歛矩
矱猶疏則安居中絶無防檢也而何以德隅是咏直得隨豐亨豫
大謹慎而常留儒者之風貧而樂富而好禮無諂驕亦非乎未耶
賜向者寧料貧富內有此境哉賜今者倘謂貧富內有此境哉而
於是爽然若失筱官然有思功候固動而又追待患自拘其墟遂
無以循途而歸於諸極今之自鳴得意者何忽以一經引導頓然完從來卷亦皆出下處得心理能使心中幾處盡一
今故見之胥捐我不識半生攻苦其間之我我欲前又我我不自

前者殆未嘗更加懋勉也進以相易即反以相示而頓悟之神思不禁超然其欲遠造詣每求而益上特患不歷其境遂無以相形而得其精純今之自詡已長者何忽以引而上易反難泯從前之見紬從可知學問程途于閱之累而日進以影而益進者殆未嘗一為靜叩也得乎環中而通乎意外將當前之理趣不覺豁然而會通曰有是哉寧貧富也與哉詩咏之矣如切如磋如琢如磨瑕疵未能盡滌而卽云醇修在望則進境即為止境之程且切而復磋琢而復磨始知此中層累之功躁心人未堪領取也得其粗而藝事不懈精神會其通而當境奚堪駐足然後嘆窮神達化有藉

（恬適○玉○雨○金○和）（緒沉○精○芊○綿）

精勤而日進無疆倫極良工之辛苦砥礪未底於精而遂謂觀止蔑加則見益即爲見損之漸惟切加以磋琢加以磨始於時遂近之功有志者不敢自恃也淺之形下有不輟之功精之理義無或窮之趣然後嘆身世窮通皆關學問而遡所閱歷難忘篇什之回合上截神理而得流連其斯之謂與賜之見自此遠矣不誠默會乎未若於古哉蓋論進境於貧富之中而弓冶彌深不必謂介節之堪以免俗而論進境於貧富之外而功有不盡能勿凜藏修之未可半途乎於是能不以言詩許子貢哉

極暢滿極平正絕不分外求奇自有弓燥手柔之樂 香評

未若貧而　合下節　　唐公模

爲處境者進一解、而會心者遠矣、夫未若之旨、一無盡之境也、由處貧富而推之切磋琢磨之詩、非會心人不及此、且天下有進而愈上之境、深之關乎學問、淺之觀乎物理、（一口吸盡）會而通之則存乎學者之引伸、即當前之觸類而索解、别有會心則物理人情相爲條貫、而學乃進焉、如子貢以無諂無驕問、而夫子可之、誠以其致力於貧富間者已幾經克治也、然而可與爲守、（頓、住、）未可與爲忘、夫以俗情之多鄙也、有人焉隕穫俱泯、充詘不形、亦足稱賢豪間者乃與觀夫超曠之士陋巷簞瓢、（淡處妙在紓緩）歌聲若出金石、致足樂也、至若身都富厚而卑已尊人歛然自視歉歉若無能也曰禮在則然此其風規卓犖胸襟廓如豈復斤斤自守者所可同日語耶且夫賦北門歌相鼠屢人之致良是多以示樂與好禮者靜觀自得豐嗇兩忘任窮通之自然養性情於寧謐其高下淺深當必有間以云未若是耶非耶然而賜進矣賜殆悠然會矣二境詣之相懸也前與後常相引從前閱歷之終即此後尋蹤之始而封其蔀者每慮其境之不開一自局外之提撕顯貽其前路乃頓開層累之習覺向時之得力猶淺功候之互乘也新與故迭相循守其故我而尚多虛企之途即獲新機而仍非詣極之境而拘於墟者每慮其機之不轉一經

（注下）（落花水面皆文章）（生下）（在空處融冶全題通篇扼要）

當前之昭揭旋闢其靈明乃頓啟旁通之徑而此時之感觸靡窮
是故子言未若第為處境言也而賜之境開矣而賜之機轉矣曰
天下未若之詣寧有盡哉彼夫治骨角者既剖其形復融其迹切
未若磋也治玉石者不示以璞復去其瑕琢未若磨也推斯義也
即未若之旨而學之全量該焉賜也已舉生平刻礪之神堅苦之
力發心作意之為耄化於未若一言而穆然神遠也為之歎淇澳
點撥處分在字字飛動
而學問之安勉物理之精粗一以貫之鳳人之致意在斯乎賜意
中已不復存貧富見也而賜之知遠矣
聖賢會心都在數虛字上文更就無字句處鎔液吸精高在脫

盡渣滓淡寫一過。而當下解悟神理。已和盤托出也。　頓祿百

高秋數奏琴。澄潭之一輪月。文境之空明肖之。　鮑蕃宣

批郤導窾。舉題中虛神實義。輕籠慢撚。淺學便着多少吃力語

矣。　門人吳之炳識

禾若貪

方大尊課取超等五名

未若貧 合下節　　許國樑　又良

處境更有進焉、賢者通于詩矣、夫非樂與好禮、則處境之道、未盡
即為學之功未全也。賜聞言而通所謂于詩也、感深已且人。豈可
以更進之境而盡然自於而要非相感于然躬則無以豁其見行
境中必不能通於者于境外。蓋功無盡期。非特未至者以〻其至。
即已精者猶務求其精。此聖人因其能而進之。而賢者即得於意
以通之矣。如子貢以無諂無驕尉在子貢亦謂處境之道不過如
斯已矣。而夫子頌僅曰可焉。何謂與。大抵學問之功苦不盡據于
目前尚俗態雖捐而微擬未經矣以渾其意于精融之候而缺憾

不畱一而詣力之淺深要必求乎極至惟意境獨闢而物累胥忘庶得擴其守于紀綮之途而操修特遠則更有貿而渠宮內折衽者在縈枯何與于我而意見未融斯神明多滯乃陶然者歌傳金石欣然者動有節文〻請領可一蹴幾乎攻錯深而天懷獨曠何弗（左射馬右射合）即經〻自持之際用驗功力之依邦豈約本無可異而識力不廣（壺實仙判）將蹈踏難安乃自得者隨適皆恬檢攝者斯須不去此詣又豈得半止乎砥礪久而分量彌高固非斤〻自失之倚可交修能于優（提綮有力）紬若耶來若耶無謟無驕者視斯其謂何耶且夫詣以相衡而盍進而功亦以相逈而轉深凡天下事未可自安者大都可作斯例

也如其視斯而恝置之則遇困未必能亨處盈惟知自守名理有
多姿不落平行 雅或
何盡藏而尺寸是持竟自足而昧高深之誼是論斯而且于斯未
盡也其他則又何說焉若夫因斯而會通之則深造未敢息肩淺
嘗何能駐足功候詎無可憑而日進無疆亡曠觀而絕滿假之見
是論斯殊難以斯固執也夫亦安往不然乎不觀厥云如切如磋
淬練
如琢如磨乎蓋詩之謂斯固久矣道義本不相侔而理觀其道當
前皆堪共証夫剖析已精愈求縝密太璞已破尚思磨礱此際之
繪文上截僅是妙題累紙
有加無已者尚得曰貧可不樂富可無禮乎淂未若之旨而引伸
焉夫乃知學人之淬厲不殊藝士之精良也詩人其許我乎而兩

相脗合直顯動以旁通觸類之情精粗原自殊途而神會于微觸
目皆逢其故夫及鋒初試尚未精純他山是求難云瀾漫也已哉
進而益深者寧得曰樂無苛于貧禮可寬于富乎從未若之言而
風流自賞落落不群
靜推焉夫乃見治心之日切何異治物之日嚴也詩人如可作也而
互為參觀直默示以遠矚高瞻之意其斯之謂與湯之感不自此
深哉是則境必幾化藏修務去矜持學惟期純中道良難止轍子
曰可與言詩稱賜乎亦所以勵賜也
淋漓跌宕饒有雋思 原評

未若 許

未若貧而樂　詩已矣　張賓

未若貧而樂　詩已矣　張賓

進一說而詩意通詩皆可與證學也夫樂與好禮無詩之說而子貢得詩之意其神明乎詩言也即引以言詩焉可且學問中有累進之境焉而耳食者守一解而止我一解之益即讀是書而不悟是書之妙何則理日闢其新學以神為運聖人持贈無窮之致要別儲焉以俟其人之深思苟以為意不過如是而止則其說亦不過如是而止雖欲為之旁參曲證其道無由子以無諂無驕為僅可斯時也豈暇及其餘哉雖然子言且自此深矣默揣夫功候與際之數而奪所恃以闢新機非詔厲前修猶未覺封已者之終歸

辱未離擴乎俗流得失之餘而要善忘以規進取非深加衡量作
自見後此者（自然斂勒）之別起淵源令夫士君子（渾落）左瓢右簞華出金石至于
席豪華之境而意度冲如所謂貧而樂富而好礼者不誠令人嫌
遠想與以視自守若乎未也如其（卓微一線）未也尊魚之致寔超象外而頗
域此拘拘耶境詣之懸明有指歸而竟不深疊疊耶如其未也天
地日磅礴于靡涯而見有餘者豈終不見不足耶名理日貢人于
游歷而守故我者豈不得其今吾耶（萬象迴薄）然而研今人之理而忽以為
得古人之微豈計及此也哉而子貢曰詩其觸我彼夫昕故之迭
乘也精揣之相薄也義類恆遥遥其遞積居常把卷嘔吟慨想云

辨高猝屬無已之神何境不呈何時不寓不謂流示焉而義盡如斯也切磋耶琢磨耶旨趣環生一似詩之妙竹求若為之醞也一似未若之緣皆詩為之繪也且夫以此事之傾迴而恍遇乎彼事之形容不誠灑然也哉而子曰賜也始予試思義之斷章而取也詞之觸類而通也解人人殊若其難索惟夫邈聽遠騰常自得乎會心不遠之機覺有句皆可賞有詞皆可繹同在諷詠中而斯人獨異也詩耶言耶餘味曲包意不盡未若也而未若並擴其意矣意并不在詩也而詩始不窮于言矣嗟乎一未若也予言之見品地之倜乎遠焉賜悟之見名心之浩然嚮焉至于言詩則仍以辯所不

辭之邇為之津〻于相說以辭中焉而學人不索得以風雅一言唯賜堪上下其議論也庸詎知吾子往來悃心之旨也乎

意度閒遠舂展風流原評

文章本天成妙手偶得之性靈灑〻一片空明讀是文可想見我友胸懷本趣焉周新之

未若貧而樂　如磨　張永鑑

處境有深於學者可轉按夫學之境焉夫以樂與好禮處境誠深於學矣而學亦自有深歷乎境者盍即詩之言切磋琢磨而轉按之且天下惟境可以驗學抑惟學莫不有境而人之未深於處境者即其非精於言學者也蓋境在而學見焉而惟善處境者無自封之學學在而境寓焉而惟善為學者有必歷之境則甚矣境與學之相深於無窮也子以無諂無驕為可毋亦念貧而化貧不知幾經克治也富而不矜不知幾經砥礪也其志堅其功苦而於學或有幾也乎然而斯世無苟安之境吾人有詣極之學古之君子

分文鎔恰

挾節統掛下倭下盜

暗狀處豁蛇所竇

停頓紀住

飯糗終身半菽不飽而人世之窮約艱辛固已無入而不自得維佩贈遺狐裘韋志而人世之紛華靡麗固已觸境而皆可忘貧而樂無諂也未若富好禮無驕者未若此以見天下之無盡境而深

即○鑽○即○浚○轉○換○敏○妙

於學者有足多矣且夫天下之深於學而無盡境者亦寧少哉蓋境有深得乎學者研乎性分之緒安飽皆其所輕恥以天理之精

上○截入來○得○任○下○截○聯○將○來○條

榮華皆其所淡於以知境無盡境而學外之境皆漠漠而可忘而

般○營○良○苦○心○若

學有深歷乎境者理道有無窮之蘊必剖析於靡遺進修非獵等之圖務刻勵而不倦於以見學無盡學而學中之境皆歷歷其可

按賜所為神往於淇澳之詩為夫詩之云切也琢也磋與磨也璞

不以示而玷無可留固有是遞進而深之詣而詩之云如切也如琢也如磋與磨也精益求精而密益求密遂有是次第所及之象頤獨憶夫夫子未若之言〻境未嘗言學言境內之學未嘗言學（提頭句然）（分晰）中之境而賜胡一聞子言即誦詩也哉一極言學於處境雖第明乎境中之學而即寓意之甚宏通論境於為學若祇言乎學中之境（一綫不走）而實會心之不遠矣亦曰詩之云固有範圍於子之言而不過者矣

鈎聯得法尤妙於兩〻開說全不淄下想其落筆時圓璧方珪斧鑿之痕俱化　陽城吳介石師

王陽普屋合稿

上下互映玲瓏。而仍不溢題位。深得鏡花水月之妙。李仲顛

論詳

朱若賓

未若貧而樂

張象蒲

善處貧者、不知有貧也、蓋樂固忘其為貧、非必為貧而樂也、以覩無諂者相若乎、抑未若乎、且夫貧賤驕人、學士之所矜為奇節也、雖然烏足以驕人乎哉、我以貧驕人、我亦有貧之見也、中必不舒、且我以（出汚極細字之後不若有求）貧驕人、我終有人之見也、中亦不慊、以我思之、殆視無諂者而有進焉、強必忮而弱必求、靡靡者舉世成趨矣、有介節自持若此者乎、厲（先訛若字）名節而儉廉隅皦皦者共以相嘲矣、有淡泊鳴高若此者乎、然則得（據為無諂形出未若）一無諂者而天下之遜為不若者不少也、雖然學問何窮之有、等貧（就）耳、而夫人所以處貧之態、每隨學力之淺深而輒變、或寄傲衡門而（人身上說）

隱約自計焉或觸歎窮處而瀟然自得焉聾牖繩樞風景依然如故

從學問較勘方法未若求若道理

而讀書數十年涵濡數十年忽不知心目之何以加窮俯仰之何以

差遂此時我忘其為貧也貧亦忘其為貧也樂于命而無疑怨無諂

就兩人相形說

者對之而情然色沮且昔貧耳而夫人所以處貧之態又各于其

人之淺深而遞變或窮餓益堅而寂寞寡合焉或道腴愈永而終身

若羲焉義羲疏水況味如同一人而性情之所寄託造詣之所成就

此句確着指無諂

忽不覺何以超然于萬物之上而翛然于塵埃之表此時我介之不

隨句說句好字

忘此襟也磊落落之幾忘有我也無所往而不樂怨無諂者遇之而瞠

遂寫未若

乎其後已然則昔亦一貧今亦一貧而昔之貧不若今之貧非貧之

果不若也。其所以貧者不若也。夫人之學期于善變耳。守者儆于人。而達者忘乎己。賜乎。為其儆者曷若為其忘者乎。彼陶陶遂快然天地之間。襟期不亦浩落也哉。此亦一貧。彼亦一貧。而此之貧不若彼之貧。亦非貧之果不若也。其所以貧者不若也。夫人之學又期于善棄耳。介士苦節以終身。至人安時而處順。賜乎。厲其苦節者曷若進于安時者乎。彼優游泮渙。自安性命之常。氣體不且差廣也哉。賜慎毋以無諂為已足也。

（染賜妙妙）（分項上兩柱）（照註廣胖氣象）

未若兩字。極從學問內勘出。便令賜有未若求若處。方覺下文悟頭不從乎空蹟出。孤情逸韵。字字是仙家丹竈。不復人間煙火矣。

天驟

句之帶上無諂勘出樂字。方盡未若神理。筆端灑落。豈從周茂叔

來卵。

未若貧　張

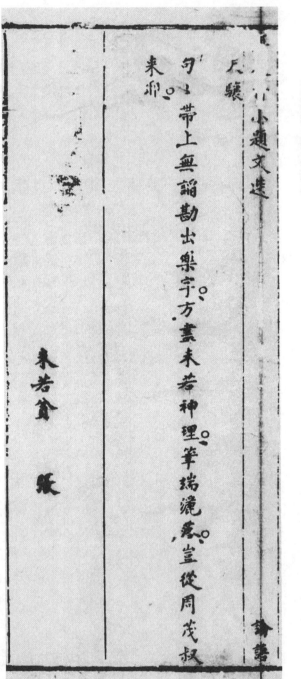

起筆政例　語健　平穩　試語不身上哭　常詩詞吊下　大方

未若貧而　如磨

葛宗師歲取崔仙遊県案第三名　陳元勳

示賢者以進境而聞言者因有会于詩焉夫樂與好孔子豈有見于詩以為言耶賜聞未若之訓而引切磋琢磨之詩也有以夫儒者閲歷之境未有下與君公究治之修詞見與學之無盡是故境有順逆能守者當哉能化者但因境以制情覺世味猶存未可信為心味之永也知乎此彼往哲之真修流傳篇什不誠動聞言者稱述也即無諂無驕見以為可豈真謂處境者之皆莫如哉從容琢于瑚璉之工而特提無諂以相質則其心不啻甘氣猶恐未干也纔隱約自甘時覺跼蹐于高厚之中而天机亦欝

三六

而不暢極功礎于利器之助而克持無驕以相守則其心不溢其
情猶恐矯飾也縱饔飱思謙未見納身于軌物之内而天則必離
而見踈孰之樂與好礼並不設一貧富想也名教之地無人不可
貺心寧以貧以而乱吾真哉遺與貧遇趣即在貧中衡門泌水之
華丁詩胡梦
有進致
詩可以相贈也知無諂者未有告焉之坦懷也秩序之設斯須不
容去身寧以富故而敗吾閑哉遺與富值妳亦於富立相鼠
之詩可以不刺也知無驕者未有告是之律貌也無與好礼子
進賜有盤而賜果何如乎理以近而擠則何往非已告之境何必
言樂也何必言好礼也一端肻足将終身之所詣几何義以求而

出則隨在皆未若之形無論無諂也無論無驕也觸處而活而穠
晳之詩歌可述賜不禁有懷淇澳之章而曰如切如磋如琢如磨
璞不以示而精者益致其精覺道學之修比物引類非旦夕竟
也然不經至人之啓發雖金錫圭璧之光播諸謳吟極日新而
已者凡令人習焉忘之玷不以留而密者益求其密覺自修之念
象物取義功非得半止也而一聆聖人之啓迪見進德修業之節
譜諸風什極月進而不窮者有令人恍乎接之切未若磋琢未若
磨詩言固有所矣乃知境有豐嗇性無加損有樂而無諂為不如
有好禮而無驕為不如即處已以處世學之所以有進境而理有

淺深功無止息有磋而切為未知有磨而琢為未知借治物以治心道之所以無盡機其斯之謂與詩之言不殆與子之言而悅之合乎

葛大師相原云

洗刷明淨指有清音

循規蹈矩饒有逸致

未若貧而　如磨

茍學院歲取進仙遊縣李名　陳玉璜　雲章

論境而進以忘境之學達者因觸及于淇澳之詩焉夫貧而樂富而好礼忘乎境而非徒守乎境也子明指其未若賜胡然而遽于淇澳之詩哉且學問之無窮期也歷一淺而入一精一途以相什而功力之必遞進也至一候猶留一候以相形故守境不若忘境之高而已精何益精之善苟自以為至無異工者治其粗而遺其精焉斯亦未嘗學詩是甚如夫子以無謟無驕可賜賜其遂自恃為莫已若乎未也秉耿介以禔躬無謟者凡經磨礱之力矣然而歌終宴于北門何如咏樂飢于泌水則處世不受人憐者撫衷殊

太自苦凜止足以持已無驕者几經攻錯之力矣然而戒滿而賦
伐檀戒丕無儀而訕相鼠則渊凜雖云可挹乎操守未免涉拘則
樂與好禮者尚矣置我身于窮約之遭困阨之苦我者難堪也我
惟忘乎貧之寠寠中不改其順適之天為四壁蕭然一心曠然
彼拘拘固守者回思不覺成閱歷境乎處吾躬于豐亨之地紛華
之蕩我者罔覺也我惟忘乎富之見旦明肉無心有宮徵之志焉
名教自寬性情自協彼鰓鰓強制者視亦不尚資涵養功乎未矣
也未若也子之進賜誠不欲賜之得半以自安也蓋學中之境候
原有淺深前境之所歷不如後境之更進也境不一境亦既昭其

理於貧富之間而學者之修為端宜層累前視為已精今又轉形其粗矣精益求精自可通其意于貧富之外乃子貢達者也遂不禁觸及于淇澳之詩曰如切如磋如琢如磨物之坯然而具質必不勝剖析之勞加之以切亦云至矣而詩若曰切其可言至乎規模縱已粗具攻治尚未周全則切之未若磋者信有如治骨角也物之太璞不完者必不廢雕鑿之施之以琢亦綦密矣而詩若曰琢其可言密乎形質雖已裁成刮磨猶未瀏澤則琢之不若磨者良有如治玉石也乃知學無可止之境視為止境者隨在皆見為進境維子明指其端世途內之程功不尽而學亦無自足

四一　未若　玉瓚

之時視為已足者轉念適形其不足雖明深領其妙爲什餘之睨我良多賜真有得于巷希之旨也今而後其敢以無諂無驕自安乎哉

葛太宗師原評

從容徐行無前頓後蹶之態

未若貧而　至　言詩已矣

五邑尊三
覆第二名　黃　琮

論境而勉以未至者聞詩而稱其可言焉蓋未若之論爲境言也而賜通諸詩則無在而非詩矣子故許其可與言歟且善教人者能則策其未逮言則施以當可（驟擒）於未逮者而策之然後知能守者當以能化爲期（老氣橫秋）於當可者而施之則即此雅言者獨得晤言之契說在乎子之於賜云當其以無諂無驕爲可也設或謂衆人皆諂若賜也始可與言處貧舉世皆驕若賜也始可與言處富則可之之義不即爲盡可也乎雖然以無諂爲可而無諂之上不猶有樂而忘其貧者乎以無驕爲可而無驕之上又有好禮而忘其富者

乎樂則心廣體胖詩咏衡泌可與言矣以無諂者視之若乎未若
乎好禮則處善順理詩歌卒度可與言矣以無驕者視之若乎未
着些二筆聖勢最妙
若乎夫未若則賜之所謂可稍不祇屬僅辭哉獨是律以昔日之
才下醒豁灝
氣流轉
賜則所見猶拘所守猶滯處乎境之中而未能超乎境之外何妨
抑之以未至者寓激厲之微權而觀諸今日之賜則憮有感而遂
通口欲宣而莫捫身在貧富之間而神遊風詩之內圖宜揚之以
可與者顯鼓舞之盛情是故詩云切磋誰不誦之自賜也明其所
餘味曲包
謂始覺粗之未若夫精者宇宙間大率如斯而津津然于切磋乎
有味也則切磋之外焉往而不可與賜相發明詩云琢磨疇則荒

之自賜也指其所謂始覺精之未若夫益精者學問際往往類斯而躍躍然于琢磨有會也則琢磨之餘何在而不可與賜相質証可與言詩子之深契夫賜者蓋以已之言觸賜之言因以賜之言引已之言言有盡而意豈有窮哉迫至進言詩而與言性道焉則非（遠）猶是未若之賜也已高出無諂無驕萬萬矣揆厥所由即（僴然神）謂切磋琢磨之詩賜之終身踐斯言也可

容齋陳先生評

線索在手操縱自如允矣歸胡風格

語無泛設筆不停機昔聞諸夫子曰此等文小試利器也慎毋

秋棠草

以浮滑置之及門孔樂佩為箴門人林良鄉謹識

求若貞

未若貧而　如磨

蜀宗師歲取進仙遊縣學第八名　黃鼎甲

處境而有未若者存、淇澳之詩可載咏焉、夫樂與好礼子貢言處境之益進者也、賜聞之為咏切磋琢磨之詩、非有會于未若之意也乎哉、嘗思境以相形而見識功亦遞進而加詳久矣、矯修之無窮期也、人苟不知後此之程途尚有甚驗而欲據一得以為可安則不足之形已在處境而力求精進古人亦何事陳之娓娓耶、如無諂無驕賜其可矣乎、抑猶未也、天下境之足以困人者一處以學問之意則北門之詩可以不咏無諂者其不免有憂乎隱謹謹、磨之中幾為役之而卒以自持則曷如無所持而亦無所役者為能不失其學問之真天下境之足以累人者一處以性命之安則相鼠之詩無煩相諷無驕者其能從容悉中乎黽勉切琢之餘幾欲勉之而卒乃就閑則易如無所閑而亦無所弛者為能不失其性命之正蓋學問深則蕭條落寞之境不足以損其融融之意氣性命定則席豐履厚之場不足以蕩其安安之雅懷是所謂樂也好礼也無諂無驕者何以若之乎且夫人之分量等級由来亦焉可誣哉閱一候而華有一候以相償即閱一候而更有一候以相深人世間境境懸殊形形遞变苟求諸彼而尚有其可至將第至乎此而猶未為至也貧富原屬偶来使樂與好礼者處之自視猶

恐歉然況其他乎哉夫詣由心造功從力呈我想古之人寬綽已昭而志猶不衰于既耄德音已秩而念猶求助于国人迄于今洪泉左右猶穆然晉有東修圭璧之光入人歌思孰是紐日前之成見未若者而可指為相若耶豈淇澳之詩具在矣孫修隨歲月為淺深積且明之淬勵几幸此事可稍弛矣不謂切之方既旋復有磋琢之正完且更有磨厲修遲、而曾不得息肩之處良工其心苦乎而委曲經營維詩似有以見其深矣道理緣人事為消長竭平生之精神几疑此外必無餘矣誰知切不與磋期而磋且繼琢不與磨期而磨且隨從事旁、而曾無有滿志之地藝作且有然

乎而比物連類維詩轉有以見其大矣蓋切未若磋琢未若磨風
人有作意境如新賜固達者宜其聞樂與好禮之言而不禁即為
之賦此詩乎夫境地何常能守不如其能化而功修無盡已精又
要于益精苟得半而可安則聖人亦冀好勇鞭策惟求全其乃盡
斯詩人亦用播為風騷蓋詩固非藉斯咏而無不可作斯解也夫
貧富特其一耑也

葛大師相原評

逸致

未若貧而　如磨

葛宗師歲入仙遊縣學一名　黃燮理　榜名樣

聖人進一詣以相商賢者引詩而有會也夫樂與好禮則不止於貧富之能安已也夫子爲之明其未若子貢能不於切磋琢磨之詩而有會乎今夫學無止境清脩者恒有未逮之能功貴善完拂拭者期有遞進之業是非徒高一局以相商也蓋處境無常惟忘境者至操功何定惟終功者良而要之理既剖其微于晤對之前賢亦喻其旨于曲藝之末也無諂無驕賜將以是爲刻劃之已至乎抑將以是爲砥礪之已深乎大學人無止足之地精之于前尤期更精之于後毋曰渺境能持遂可信爲析理之已極功力有會

累之施審之於已能尤期更審之於未然曰隨遇能貞遂可信為太璞之已完夫子所以恐貧而能樂富而好禮者而以為未若也蓋盈虛任之天地而伴奐爾游優游矣化固於各呈其旨趣想其在幾功時不知如何摩厲而後天定而窮愁莫攖如何磋錯而後性凝而融洩自如則較之窮阨不渝僅介介以自持其苦節之貞者因未有若是之淡然以忘者也富貴等之浮雲而威儀以定命秩典以惇庸隨處皆將其懿好想其在慎修時不知何如剖刮而後韜厚愈深其樂善之懷何如磨礲而後席豐能即于令儀之正則視夫居寵不伐僅抑抑以自消其矜誇之習者固未有若是

之渾焉以化者也。此在于子也。即境而譱固明示以孰優孰劣而。尋。一。精。純。之。詣。為。吾。黨。數。學。引。進。之。機。而在于賜也。又身而念乃恍悟其為淺為深。而。發。一。旁。通。之。見。會。意。于。技。藝。良。工。之。務。此切磋琢磨之詩所以咏也。蓋骨角本之齒草之族。其。理。外。密。而。中。跡。則切之磋之其宜也。乃詩各曰。未、之、切、也。曷、各、于、切。欲搆其形。必資刃鋸之判。既、之、切、也。未、若、于、磋。將施其澤。有藉鑢鐋之加。夫。方。其。始。也。節。華。而。觀。之。亦。可。共。見。其。楷。模。之。已。具。乃。既。剖。之。餘。旋。又。務。之。加。功。於。斧。削。學。士。之。居。心。當。與。良。工。同。此。委。曲。矣。玉石生之名山之上。其。質。外。粗。而。內。密。則琢之磨之亦宜也。而詩又曰。未、之、

三五

三五

琢也曷若于琢欲求其象之成必期於鉆鑿之試既之琢也未若于磨將欲其色之潤有望於沙石之攻夫當其始也即什而藏之亦可自信其形質之已呈乃既破之後且又為之求助於他山學問之精研當與藝事共收若此矣切兮琢兮學之始事如之磋兮磨兮學之終事如之藉遞進之功終未逮之學其斯之謂子貢誠會於夫子未若之語而善悟也歟

葛大師相原評

運筆搆思自然大雅

未若　黄

未若貧而樂　合下節

方府尊課外肄業超等一名　郭　鎮　永善

為能守者進一境賢者詠詩而有會焉夫樂與好禮子特為處貧富者示以進境耳而子貢載詠衛風寧作其所有會歟且以學問無涯不容擴一得以自域久矣特未經涸形而見絀則無由相引于靡窮大聖人于知所自守之儒更為擴一途以相示而望之若歎者即進而彌深然後知學者之懋修固可于工人之治器而悠然有會也如無諂無驕子僅以可許子貢斯言也子豈無謂哉蓋謂夫操持有道制情固勝濟情而精進無方能守何能化不有樂與好禮耶無諂無驕者亦知有斯焉否境遇之豈盡無常

（句扣題位）（落句大方）（化工斯字剔清題界）

而至常者吾心獨喻之趣是豈必因貧而天懷始淡因富而懿行加修苐隨夫貧富之遇不至生其感而汲其真葢天下之定者(虛按未若神味悠然)境自胥忘耳彼拱手外猶不免有動于中者視斯何如也人世之亨屯不一而至一者我生各足之良故當夫未貧而俯仰無愧未富而秩序常循自處于貧富之中無或戚于心而毫下里显天下性之全者遇實莫累了役引于顯而不能無感于微者視斯何等也(頗、呼、應、緊、脈、動○筋、搖、)未若也賜當聞無諂無驕時固不料才所也而斯不已進一境哉吾用是即教者之引伸無窮思學者之感通靡盡葢學業不難已之功得其一端而不求進境則介在出入去沂濔仍屬無幾惟亟以進而益純者使之反觀而互勘則制私終稟不化而循理早見香融覺淡前之挾以自封者至茲悉捐其所恃而函丈之誘掖倍深而人情當閱歷之餘導其進機即如遊異境故力為操守在平日方謂可憑自有以進而踰上者使之自証而潛參則外緣絕而內念未渾何如天理全而人心自化凡學中之無窮或長者觸類皆可以相推而當前之會通獨遠賜於是有感于斯之謂而為詠切磋琢磨之詩焉而歌忽傳諸草野不過以制器尚象為深宮究繪其精勤自賜承夫子之提撕遂覺切未若磋琢來文屢于一未至之途率多于已至皆可作斯想也夫功修有素詎不欲一蹴

而幾乃始而視之若盈者繼又王之若歎希賢希聖希天非斯而為遞推而遞廣乎詩言固有明徵矣佩服而發為謳吟亦惟人才技倆長為君公曲傳其寤寐自賜承夫子之牖迪遂覺切為磋所未若琢為磨所未若天下已然之境正多所未然皆可作斯觀也夫砥礪維深詎不次遞臻其極乃離之而見其為於即之又覺其難勿正勿忘勿助非斯所為彌研而彌精乎詩言早已如告矣衛風有詠賜非有觸于未若之旨而不能默然即是如諂有遞進必若矜持急化始堪奉為處境之宗識貴旁通即此篇什是賡已是覘其靈明之素可與言詩子能不于賜有取哉

精○警○矣○當○醒○心○林○目○

恰○有○此○對○

氣分闊驗筆力堅蒼自是學養兼優之作

未若貧而　如磨

督學院歲取進仙遊縣學　鄭重猷

善教者因能守而進於化、善悟者忽咏詩而繪其象焉、蓋樂其好礼化者机也、無諂無驕者未之及也、賜因引切磋琢磨之詩、殆不以能守安耳、且甚哉義理之無盡境也、學問之無窮期也、故與為能守而隨時知制、無寧能化而與境相忘、此惟善教者引之而愈深、亦惟善悟者觸之而加勵、矚覽風人有善繪進學之象焉、無諂無驕、賜真竟以為可耶、然終宴而嘆、謂何古之人亦曾為守貧咏也、然独不有左簞右瓢足以自娛、此其心之高曠何如乎、賜尚其復企懷未已焉、勗爾邦而戒封靡古之人亦曾為守富咏也、然独

四四

不有弗視弗顧可以自安此其心之寄懷何如乎賜宜其復景仰不置焉胸無有真得之趣者雖以歷空乏之遭胥化于不自知矣則蕭然者其境乃悠然者其神豈強而起哉幾何年磋風磨雨涵濡于理道者已深故身在貧中心超貧外而浩浩乎與天爲徒坦坦乎與道爲一絕不知貧之足爲我病也彼無諂者有若是之洋溢乎則未也中苟無處善常安者雖以膺素封之境渾忘于不自覺跡則浮意者其遇而留意者其理豈矯而致哉數十年朝琢夕磨陶鎔于學問者已熟故身中有富意中無富而循循乎天則是稟安安乎人紀是依並不覺富之可爲我加也彼無驕者有若是之

之慕好乎則未也是則詣力何常而即欲求新在墻其心以思引
乎昔沾沾自喜不聞一道以指示凡敍其守已至熟亦無瑕之可
攻子故為賜策其進境端有在於樂與好禮之中不識解無定而
即此通彼惟濬其靈以起悟今茲幾丶承訓更增一境以刻責轉
覺其化未達敢云無玷之可磨賜故因子策其進境且有合乎樂
與好禮之外則切磋琢磨之詩遂不禁流連而感觸焉凡功不可
以淺嘗而足自矜已精而未精者政多故務致其精而精益求精
不留一隙之可議也亦如治物者既切矣而未若磋之精絕也
讀是詩而皇然歎矣凡效不容以得半而止自許已密而未密者

四五　未若　鄭

尚在故克圖其密而密益求密不遺餘憾以爲安斯亦如治物者
既琢矣而未若磨之粹精也賜誦是詩而瞿然奮矣要之義理原
無盡境隨在皆有未若之旨故示以樂與好禮即處境而貽進道
之机甚矣子之善教也而學問本無窮期無時不有未若之形故
咏乎切磋琢磨即制罷而繪進學之象甚矣賜之善悟也爲明[illegible]
賢之[illegible]賜[illegible]矣

未若貧而　如磨

甚宗師歲取進仙遊縣學第四名　羅廷對　睿卿

為處境者進一解、賢者因有悟于詩焉、夫貧而樂、富而好礼、豈無諂無驕者所可比哉、則切未若磋、琢未若磨、詩言不可憖然會欲、且諂力有極至之逡而學問貴日新之機久矣人無自足之期也蓋超乎境者直忘乎境初非矜持者所可及而用其力者益殫其力豈可淺嘗焉而輒止聖人因賢者之所造而務之擴一解賢者即因聖人之所言而為之引其緒也、無諂無驕、子貢自以為至矣、而夫子僅曰可者哉、豈不以賜具瑚璉之才操善事之器當切劘之以底乎有成磨礱之以幾于純粹今但曰無諂無驕而已是守而未化也夫獨不有貧而樂者乎胸次本自洒然初不因泌水而始陶吾天故金石發声而俯仰無愧其人初不似貧人也然而環堵原蕭然也彼不忮不求者固難與之爭量而齊觀夫獨不有富而好礼者乎天則本自秩然亦豈因豐厚學而始循吾矩故宮牆有東而率履不越其人並不見富態也然而蓋藏有餘裕也彼持盈保泰者又難與之較長而絜短乃知修途之造詣無窮閱一境當更擴一境以自奮守一途當更進一途以自廣獲固而各終身處亭而如固有其位置誠獨高於千古而學者之致功宜詳有已至則必精未至以自勉有已然則必求未至以自效為學而無殊制

器謀理而恍若庇材其精勤不容懈於斯須子貢聞未若之言而忽有悟于淇澳之詩也曰如切如磋如琢如磨切之為用也義取乎斷割有所去而後有所存必加之以磋而析格之迹以泯則切固未若磋之純也學之循序以求至其極者初未嘗異是琢之為功也意尚乎精進破其完而乃發其光必加之以磨而疵類之微畢捐則琢固未若磨之密也學之已精而益求其精者又未嘗殊是々則功無止是享有就將斷不可據目前之所至而謂他人莫已若也治物有然為學有然而處境何獨不然淇澳之詩固即夫子未若之旨也哉

葛太宗師原評

理隨法生無斧鑿補綴之迹所以為佳

三九

未名 羅

未聞下喬　魯頌曰　新硎集　何丙光

知鳥不可昧於棲、而魯頌可進思矣、夫下喬木而入幽谷、鳥所未聞者也、魯頌具在、盍進思之、且事苟為人所未聞、此不獨物理無之也、抑亦詩書之所缺、顧捨暗棄明、物類必無自愚之術、而繁稱博引、宗邦亦有善禱之詞、可以人而不如鳥乎、彼既借觀於伐木之章者、何不進思夫奚斯之作也、出自幽谷、遷于喬木、非為燕朋友故舊作乎、其曰肥羜肥牡、頌其物也、曰酤我舞我、頌其情也、曰神之聽之、中和且平、頌其德也、君子觀常棣而二叔之不誠、而遂繼以是詩、知為此詩者、為百代之和親、即以啟魯邦之忠厚焉、而吾述之意、不在此、今夫喬木不可下、而幽谷不可入也久矣、泮林

來飛鴞之集好音懷我遂傳魯頌之謳歌知喬木有當止矣如或
下之則嗟嗟莫附乎梧桐交交空羅於楚棘又何怪即聾從睞徒
傳駃舌於綿蠻芹藻興振鷺之歌胥樂在公聿著魯廷之頌禱知
幽谷有當避耳如或入之則危塗而奉為樂國邪徑而視若周行
又何能邁俗出塵自耀羽儀於逵陸下喬木而入於幽谷昧昧如
是亦何德足稱頌哉故欲頌其智而擇地既昧必擇術多疏也欲
頌其義而入世失宜必入險難脫也且欲頌其仁而安宅既曠必
安土難敦也試為摹其悖謬之情傳其愚蒙之志雖與進咏乎風
難比集桑之鴞雖與進觀乎雅難同在渚之鳧即與進思乎頌難
如拚飛之桃蟲生商之元鳥又奚必有駜興歌在駉致詠更進參
夫魯頌哉然吾之思魯頌則自有說魯號秉禮之邦其間聖祖神

孫初未聞以炫異矜奇特修一朝之駿業而閟宮一什亦僅以厥
德不回頌熾昌之本知奄有龜蒙不外陳常時夏矣今即象齒莫
登野未聞飛鴻之逕渚朝未聞鸑鳳於鳴岡而一念夫朱英綠縢
覺三萬之公徒依舊其足動揚清激濁之情者大也夫豈誇鴻詞
藻麗也哉魯稱至道之國其民食德服疇初未聞以言偽行堅欲
儕君公於黎庶而坰野數篇亦惟以所思無邪頌振興之故知保
有鳧繹不外王道至教矣今即鸞旂莫噦嘒嘒未聞歌於濯木鶴
鶴未聞詠於靈臺而一念夫貝冑朱綅覺二矛之重弓如故其足
立保邦制治之謀者深也夫豈徒鋪張揚厲也哉進詠其詞下喬
木而入幽谷者安能免於懲脩哉

亦囂囂人　囂囂

包九圍

心不以說行而加折、自能忘乎不知之遇矣、蓋囂囂、在心不在遊也、不以說行而加折、寧以不知而加戚乎、明此者可與語遊、且夫人苟自得其性天之樂、則固無往而不自適者、又何問乎人世之遭逢也（接定題位不連上句）、不然、而意有所抑鬱、而假一日之遇合、以自鳴其得意、究之戚福由人、所如不遇、徒抑鬱而難與語、用自傷已、亦知載馳載驅之下、固有浩然自得而無問於始終者乎（縮住兩頭）、遊之必期於人知也、豈不以抵掌而談、非相得甚歡、不足以抒生平之抱負、一旦言聽計從、扼手恨晚、以視夫世莫知予而嘆數奇者、其於吾憂樂為何如也（筆路甚超不俗）、於斯而意氣揚揚、縱譚華屋之上、以遨以遊焉、雖曰不負、雖然、投今今時、以遇主者（落自有古）

致也相得益彰者一日之際會也說主於致君而長了請然於我不
加榮也說主於後衆而受命如響於我不加貴也直陳無諱補以自
展其經綸而非諱兩美之必合高論傾聽總以不負其學問而豈矜
旦夕之相遭其貴貴也忘乎人忘乎知者也而或者曰雖得者意氣

（接落下句毫不費力）

之相投也易聯者論說之相左也所悅在謀利者而說之以正誼明
則陽收而陰棄之所悅在計功者而說之以顯名則外親而內疏之

（實實寫亦所以不知緣故切實淺淡主）

且也指陳得失則曰屮野而倨侮證據古今則曰迂闊而無用故今
日而言遊人之不知所在多有其能以僕夫之況舜聽世之棄乎如

（純乎古文妙境）

遺乎其能以論議之詳明聽世之莫我肯顧乎其能以片言庶說不
悍千里而諄諄者任其藐焉而聽之乎于此而悲天閔人嗟我命

不猶夫衆人之情也不知所貴乎遊者爲其能匡列辟極萬姓庭
續集王而明辨其是非也使不知而輒戚戚焉則必大費相心希世
求合樂其生平而盡棄之將爲用遊乃善遊者否否棄不如遺亦獨
寡而寡歡也莫我肯顧亦陶然而愉快也藐爲聽之亦融融洩洩而
逍遥以容與也亦囂囂焉庸曰知之日如是而不知之日獨不如是
乎夫而後載驟之下無拖舵銜馬之餘可嘯歌於以藐遊天下裕如
矣

迅筆疾書有得心應手之一樂

胸中具有丘壑筆底自生烟雲擒抽萃集雜沓而至令觀者頤瞻
不暇斯爲奪目愜心繫根游字發揮縱橫歷落應從熟讀古文
得來

正已而不求於人

庚午山西　王新祚　元

以自正者絕所求無願外之心也夫人者外也君子正其在巳而巳絕所願矣抑又何求乎且心本在內而有時願乎外何也蓋在我之所以自持者不無疵累之未捐而外來之擾皆得進而與哄心相抬無感乎其紛馳於內外之間而不能自主也蓋在上在下眉目分明者巳也而陵與援則屬之人矣天下無猶人而忘巳之理故設心積慮必先有以自端其向而後紛紜酬酢以一心撿攝焉而不即於岐天下無離人而獨立之理故畔援欣羨必先有以自卻於懷而後朋從往來以一心淡定焉而無所於役是故言有巳而人統

之矣乃不暇責人而自責厥推正言有人而已係之矣惟其自責而無暇責人乃以不求且夫己之與人念無兩存而正與不求事（劈入開主匯）惟一貫無端而結一想則人之念已起於己所獨覺無方寸之為地有我而以人參處其中漸與己分持其界則其有餘地以處人者即其無餘地以自處者也此念之所以不容兩存也自守必峻其防則求之意早為己所自凜天神明之為用有主而於正一有（反正相間義緊詞融）所注自於求必有所忘則其必求倫於一己者即其無求倫於他人者也此事之所以出於一貫也是故人己之見既明則以自正（而字圓相）者泯其求所生而即以不求者觀其正之盡已與人雖日接為搆

而整齊嚴肅斷不復有匪僻之干以自決其正誼明道之閑正與不求之功既密則已以正而斯人之係戀無所縈人不求而一己之操持有獨至已與人自分途以往而淡泊寧靜更不復有越畔之思以自懍其循理守分之素而又何怨之有哉。

提要鉤元精能之至

正己而　王

正己而不求於人　成德

正己所以行素而不顧者自無求矣夫己與人內外易知也不能正
[illegible]所以不求得乎其不顧也其行素也且君子自得謂得己也顧優
方　不足省遇遊
其思無求其文剡深
游[illegible]以為得是又將遠于己之內也遠于己之內曾何異遠于己
之外乎夫安貞攸往之吉常在兢業夙夜之中君子守此故嵩也不
反德不求推出正己來而字亦
出
陵不援君子之不求于人有若此乎然有待于外而不求與無待于
外而不求其事異矣靜觀而獲性分即神明不居辟物之功有制于
外而不求與無制于外而不求其心異矣內照而觀我生即志氣亦
不居制和之力乃知君子自得之在正己也君子正己正在不求也

緣境以求己有不一之遇遇無不一之己君子皇皇盡之斯正己之事

（重寫正己便得纖悉極不求于人一折自隱）

出矣使其進有為己或有難埶之量其退有守己或有難慊之心其

（何等緻悅）

謂此素履者何而以正己者視之己之外有人直外境耳己何擾擾

焉歷變以圖己有不測之應應無不測之己君子汲汲彈之斯正己之

（此第二段富貴貧賤學旅）

事奔矣使己豐于遇履盛有高明之疾己嗇于時養晦有曠佚之虞

焉此於吉者何而以正己者當之己之外有人皆外遇耳己何紛

（言求人之易正言正己之難）

望失求人者豈必在竭智畢慮哉以己之學問歷己之分量而

爭稍有未優則外事乘之矣君子見有己不復見有人而分量剛

（言不求人之難正言正己之重）

不盡也斯馳騖所以日遠且夫不求人者豈必在矯激去私哉以

正己而不求於人

陞憲李臬臺鰲峯月課上卷一名　陳勳　伯因

惟正其在己者、顧外之心胥泯矣、蓋唯求於人、故有陵下援上之弊、正己者復何求乎、夫亦內顧夫己爲耳、且吾人出而相為酧酢者有人、即迫而深為劫惎者有己、夫己有自然之名分、必有自然之位置、己之所在、刺勵深爲、外此無與也、彼在上不陵、在下不援、（著緊己字確切不浮）夫陵之援之、即求之者也、不陵不援、即不求之者也、其不求也、蓋（跟上點出語見筋節）惟知有己耳、己而下交不瀆、則不求順己之人、己而上交不諂、則不求庇己之人、不求於人、所求在己、求在己、即所正在己、君子惟慮己之不正耳、於人何求乎、今夫己也者、脩齊出其中、平治亦出（提援己字）

鋤經堂試藝　　　　　　　　庚子

其中已為修身之已則克已也必嚴已為齊家之已則持已也必
敬原不得以私心雜也夫必無所雜（推勘細入）而後能有所專故片念之起
伏甚微而檢點必嚴於寤寐蓋此中之兢業固已深矣已為治國
之已則立已也必端已為平天下之已則守已也必恪原不容以
外念間也夫必無所間而後能無所紛故偶然之舉動甚常而約
束不違乎朝夕蓋此際之惕勵固已微矣其亟亟然正乎已也又
何暇竊竊然求於人哉夫人原無裨於已也求之不過遂一時之
（二比就求字鉤魂攝魄正為不求字尋出根源詩題細密）
性耳求之不遂幾不惜一已之精神意氣逞逞為求之必得求之
惟恐不得也追求之既得而本來之面目盡失其為已矣正已者

所以必素位也抑求原有害於正也求之不過順一時之情耳求之既順幾若舉一己之氣象形容欣欣然求之有效求之而果有效也迨求之不效將本分之事功若忘其為己矣正己者所以不願外也何怨之有

（獨對）

洗盡塵氛溫潤而栗有文如此亦豐年玉也　原評

看題精細運筆圓湛　兄聯五

正已而不　至末　楊夢捷

正已而怨自無、可想君子反身之學矣、夫已不正則願乎外矣、君子惟居易以俟命焉、其反求諸身也、不徵之射而較著哉、且人既不能內然而無所營、將誤役其圖謀者、不特外願而多、即反觀先無以自問矣、若乃懲厥躬、為刻責而戒敗利鈍之數、舉不問其省自厲行之懷、術用志不紛、夫固互參焉而見其加功有獨切也、君子之不陵不援、凡以上者下者、固吾身以外之人也、若夫涉乎上與下之交、而操乎得與失之數者、不有己在乎、君子於此則持而重把己焉、謂是堅於事會、一無懲而姑以淵默內參省表精專之

素即此心已即於浮君子從視已也重斯正已也不得或輕吾以
只習出工夫來乃得定際。頃不顧小人意。
吾命之理躬踐之而皆有可循此外奚容分注也世即百出其式
以相嘗我獨一真其心而自省覺怫鬱之態早潛消於無然畔援
之中謂是鑒於經營之弗遂而始以闇修自矢者樹圭壁之型則
此意亦鄉黨君子惟待已也孚斯正已也不得或疏修身立命
之原親體之而皆無可怨此外奚暇他圖也叵測者縱在世路靜
鎮者自在吾心而憤懣之懷已化於淡泊自明之際藉非正已
而不求於人能若是之無怨哉夫已正則天心可格寘漢中之系
數舉可不爭已正則人事無權宇宙內之遭逢舉可不較上不怨

天下不尤人凡此者皆不顧乎外也而其要則本於素位而行乎（清節旨）（歸重上節）

因之而得其故矣今夫杌㮊之見不生坦蕩之胸時命之悲

精純之念君子則引繩削墨舉不軼乎範圍出險濟屯履蹈必

歸於矩矱行之通也德之時之窮也亦德之居易以俟命於此見

（絕止此巳句消納小人句）（光透）

在己之有常而行險以徼幸者其相懸固萬萬也則甚矣君子之

（出求字倒落末節緊健）

善用所求也其說吾得之於夫子之論射夫射所以觀德也必如

破的見其操術之工射所以養節也而不中則竭其列厲之志共

諸正鵠反求諸其身射之似乎君子其在斯乎而君子之責已（帶呼下）

固亟以凜矣偏倚既絕於其未而復以重自愼防其見此身之無

容氣假則崎嶇之世境而只可平怨望之私情由是可泯其致矣

有獨深也豈僅飾志正體直之文以劾怨而生其痛艾抑其律己

也夫容以約矣力既精於平昔而復以容自砥礪者見此身之（亦求亦有精之）

不憐摻修則光芒者素履而平陂之見丁除思永者慎修而悲憫

之情可釋其用功有獨粹也當不等審端省機之計以激厲而奮

其精神蓋君子之反求諸身即君子之己也謂猶有求人之事（只證正已得裁類真）

乎謂猶有怨尤之事乎而君子亦遠矣

不以聯絡為難要於平側分合處畫理雪亮題義乃氷渙

徹朗徹無一處虛雜九轉丹成之候也　原評

有尾

題既截去不陵不援兩句自宜重發正己不得祇以不求於人反求其身相牽合也中間直入居易節理以氣行最足警人心目

正已而　楊

三

正己而不求於人

江西魚宗師科試建昌府學一等二名 鄧士錦

君子正其在己自不必求于人也夫正己則所在皆得己也不陵不援于人乎何尤今天下樊然皆人也而其間循勿可以自盡者寔禮倫于一己自己之功不盡而紛紛出位而求者乃嚚然于上下之間何則己也者位之遇相值而陵與援交相構者也机務之棼合物皆滑乘己之虛而入己不潛確則浮己不明穆則昏外之數增則己之數減也境地之移萬緣皆將攖己之所不安己不厭殺則褻己不充周則餒外之權伸則己之權殺也是故君子正己焉正者所以循己之職分者也有嫌君者無尸位任應感之殊趣

咸有無從匪彝無即慆淫有焉故道義之配盎然于本分之地而不虧毫末者凡以滿已之量而已正者所以袪已之偏暱者也今中宅者無外營當酬酢之紛如咸有無欲畔援無然歆羨者爲故清明之氣澄然于泰宇之間而不鶩岐途者凡以審已之防而已換法遞彼八胡爲者也非其于已也肆則其于已也靡始不得不乘除于世故之中而求于人胡爲者也非其于已也刻則其于已也貪始不得不遷就于物情之路若君子既正已矣已正則外無所奪屋漏中有已勢分中無人也蓋自眾從之賓絕而太虛之宇自爾棲于澹定已正則外無所借且明中無人酬對中有人也蓋自容感

之遂清即氣類之孚亦復擴于公溥一已之外無餘理一正之外無餘事而又何求之有哉夫賢知多求正之過愚不肖無求正之心已則不完而人是狥惑已上下失位陵援分心君子豈其出此故曰不願乎其外

收處絜歸

餘致正

必復孫古

筆力峭勁極類文止大力　原批

於素位不願外之旨橫竪說來無不諦合正昌黎所謂醇而肆者也尤愛彼人胡為者二比鋒稜巾自饕餮教真乃神似正希

姪奎父

正已而　鄧

正已而不　合下二節　劉拱辰

君子有正已之學知其求諸身者切矣夫惟正已故能不怨不尤迥異於小人也世有托言安命也亦知君子之反求諸身者乎且已身莫不有位也（起止分明）位以外皆無與於已位以內必務責諸身乃狗外為人者不知在已之重而以歆羨起怨尤端即或安心任運究未能反身而循理矣足與語君子素位不願外之學也如在上位在下位而不陵不援可見君子（恰好）求諸已非若小人求諸人也否則無論其有求不得而怨也即此在上在下之已其不正也實甚君子若曰高者將以道下爲亦有專司此已有無窮責備者即正之

又身尚或差失而暇求於其咄乎世之永人而怨者多矣賦彩
點綴有情
子其已之風宜然如知愧也且夫君子以窮通得喪付之於天；
舍乃沉聽之於之其不願外也即所以俟命也而僅之俟命稱君
此時精細
子雖別於小人之微幸而素位之學不講則聊乘化以歸盡幾何
不以此身任去留哉夫乃嘆君子正己之功為至山也蓋已必有
步步見筋節
所居則理而行既平易而無奇自崎嶇之悉化而已實有所求行
有不得業撫躬而難愜自刻厲之倍深則君子之正己也非反求
結撰完密
何以云正君子之居易以俟命也非反求諸其身亦何敢云命之
然夫子所言射之失正鵠而反求者之有似乎君子也大抵恬淡

無求之說可以訓小人而不足以盡君子之美時命自安之論可
以勝小人而不足以既君子之實君子於時反求諸身則於己於
不正又何求於人而生怨哉

正己居易反求處處見精實發揮 原評

跌宕多姿古文氣味

第十冊　卷二十八

世子自楚反復見孟子

記瞻君之復見大賢其乎[illegible]之故
見楚之人聞楚之言矣其[illegible]見也
人景仰高賢而驅車再至以盡其求也
者也然而其所聞者已非一曉其所至[illegible]
所以而去者不又見所見而來陽如滕世[illegible]而
時也世子猶未之楚而孟子與之言性善言必[illegible]以
孟子之教以至楚矣命駕而望荊山如仰巖嶭[illegible]親方[illegible]
浮漢水恍覩浩浩之天真造入其國而驚熊繹之治尚存
豈非先哲之餘風乎覩其府而與墳卯索之書具在焉豈非[illegible]

舜之緒論乎然則世子在楚其心目中當無日不與孟子周旋矣即不復見孟子亦何不可之久乃無何而孟子復有滕世子之迹焉問其所以來曰自楚人也噫世子居深宮之中長阿保之手大抵見宦官宮妾之日多而接賢士大夫之日少一旦奉尺書使異國覽山川之鉅麗覩人物之瑰奇此日之世子殆非復昔日之世子乎雖然楚之為國僻陋在夷當允舜之隆苗民逆命意其性固與人殊然猶孟子時益不競沅有芷而澧有蘭屈子鳴其幽憤魚有鯤而鳥有鵬莊生肆其寓言彼其人類皆謬悠其辭[illegible]說以自絕於吾徒之教視中原文獻之地風教固殊[illegible]而自楚反則既見楚之人聞楚之言此日之世子與昔之世子同不同未可知也夫孟子之告戴

不勝也。曰一齊人傅之，衆楚人咻之，吾不知世子至楚國，爲楚人所咻否。然而世子奉孟子之教以至楚，其心目中當無日不與孟子相周旋，雖終身不復請見可也，而何以孟氏之門復有滕世子之迹也。噫，世子始見楚之人，聞楚之言矣。吾黨於其始見也，書其將之楚，而其復見也，書其自楚反。他日許行之徒亦自楚而之滕，然則世子於孟子所以不能無疑者，始爲許行之言所惑乎。

去兵　　　朱軾

說兵者先兵食猶與信並重也夫未有為政而去兵者不得已而先去之則食不猶與信並重耶且國家雖有三軍之衆而士有飢色則不可用人主縱擁億萬之旅而人有離心亦莫能為則兵原以食與信而得存者也夫恃此而可存亦恃此而可去蓋不耀德而徒觀兵日相尋于干戈國非太平之象有文事而無武備未免偶有蠢動亦為國計之疏而有昧於去之者則以不得已之故也雖然使食不足而議去兵則飢寒流離之衆皆可為犯亂揭竿之雄矣加之以所素習則益莫能禁是也適足以召兵既去兵則可離

叛之人恐專生丁　不虞之患而　則愈不可知是
城兵亦遍所以藏兵矣以必食足而信孚為政者乃可以不得已而去
兵也今之去兵於農卒徒賦自田間悉索不外畎畝食之所自出則
為兵之所由聚而亦何去然今且窮其事之所極即田賦不復出
如其請去兵
極有斟酌
散賊無頓悉索何也則去兵而食或彌足乎否者修文偃武車甲不
過藏之府庫干戈不過包以虎皮使天下信其不復用兵非使天下
信其無復有兵亦何去然今且窮其勢之所至即車甲并不必藏
干戈并不必包何也則去兵而民或益信乎倉廩實而知禮節衣食
足而知榮辱天下之大人人消其不肖之心人人勉為君子之行哉

有兵而亦同于無兵忠信足以為甲冑禮義足以為干櫓天下之大
人人足自為守人人即為國守雖無兵而奚嘗其有兵蓋兵之設也
寔者食與信而並篤人人含哺鼓腹之世已不虞食之艱而帝力何有
之際并不存信之迹然兵有以不得已而用之間有以不得已而去
然兵之用也亦視食與信為稍輕故黷武之國有識者憂屢支之哉
然而窮兵之主遠慮者恐民志之易搖則兵與其得已而不已毋寧
不得已而已之權重輕于三者之間不得已而先去兵猶為知政者
也

步步帶食信方與此節去兵滑稽

乃此文作法也

小兒編

論語

去兵

朱鑑

兵有時而可去於三者權所重也夫去兵亦不得已也以食與信較之將不去兵而先妨食與信乎子固為未足者權之也曰為政者患乎知安而不知危能逸而不能勞此平居無事之論則然耳若夫事變所值未云逸我民也尤戒其有意外之勞焉未云安我民也尤慮其有意外之危焉審是而兵食信三者其輕重之衡瞭然矣賜曰必不得已而去於斯三者奚先此必兵未足而師環於疆也食未足而祲告於野也民未信而上下疑貳難與圖存也此時不去其一則當國之大計難免左支右詘之形此時不去其一

則發言之盈廷且多轉移目前之誤自我揆其理度其勢則曰去（何批六字是此題落法）兵而已矣設兵以保其富也徒耗於食不如其已也車甲器械之（何批此句恰）屬從容而議之今無暇矣則為明告於民曰吾與爾猶一家耳倉（對食一邊）廩我何有焉蓋藏爾何有焉父兄子弟之相援愈於不知誰何之人可知也故兵可去也設兵以衛其生也苟害於民不如其已也（何批此句恰對信一邊）伍兩卒徒之制異日而圖之今未遑矣則為明告於民曰吾與爾（可使制挺以撻堅利意正如此）猶一身耳飽煖與爾共之飢寒與吾共之耳目手足之相倚殊於渙然解體之人可知也故兵可去也聚數萬有食之兵誠可恃也（聲光赫然此中實有作用聖人無苟且）聚數萬無食之兵亦何恃而不恐乎節無用之費為有用之需兵

權宜之策也

既去而後一於足食者無所旁撓聯數萬相信之兵猶一心也聯數萬不信之兵不人各生其心乎捐有形之強得無形之固兵既去而後一於信民者不聞苟且蓋兵即民也民即兵也食足矣信孚矣將無兵而有兵矣必不得已而去去兵者足兵之善策也

分對食信題解劃然一講韜鈐作用便自投身雲霧矣得此有明月入懷之樂　黃際飛

若說冗兵何必待不得已而去茲云去兵正是去當用之兵也緊對三者何先透出食足信孚無兵守固之意言居典要何藉恢張　王學舒

日知錄以兵為五兵去兵只是兵革不足古者寓兵於農有民則有兵不得以去兵為無民也其說甚辨文仍主舊說而詞義簡鍊猶見先正精嚴之律 劉禮興

去兵

卓彝

首策所去而食與信俱存矣、夫兵固不可輕去、然如不得已何哉、則去一存二、猶為良策耳、且自我周包戈衅甲、示天下以不復用兵之意、後世遂謂銷兵之說、可行于治安、而不可行于危亂、此非通論也、

（開口警快）

夫國家當無事之日、不可忘武備、國家當有事之日、不可無變圖、吾

（四語的當、秦寡金人、宋祖杯酒、皆非王者之道）

因籌之熟矣、于以必不得已議三者之去乎、思一成一旅、享忠厚之報無窮、即夏苗冬狩、猶將以信示之、則與其存兵而害信也、寧存信而廢兵、抑三年九年、幸蓄積之餘可恃、即秣馬厲兵、猶將以食給之、則與其留兵而耗食也、寧留食而汰兵、蓋處常之變、食而足者準

（只在三件中較緩急說重、是此題正義）

天蓋樓〔房〕（下論）　五三　丁未

處處之先食而去者亦惟兵也其爲召募之兵歟以之虛冒見多，
二義雖非去矣正解然書其精甚
足間亦備胸次
以之屯戰見少況糗糧衣甲之資一人約計數十金萬人而已積數
關切食
萬金勢不能取之宮中也增兵則增費至于增費而上之責下愈嚴
關切信
下之應上愈詐究竟衆可聚也而條亦可散則去之便其爲遣戍之
兵歟以之捍禦不足者以之繹騷有餘況乎途道里之用一月不下
數十萬經句而已至數百萬勢不能供之額內也微兵則微餉至于
後世弊病灼然如是
微餉而上之欺下以文下之罔上以心究竟師可恃也而叛亦可危
去字更說得透快
則去之便去之而不獨老弱之兵可去即精壯之兵皆可去夫兵自
爲兵民自爲民則形強而心弱兵散爲民民散爲兵則形弱而心強

盖惟能足兵者敢于去兵也去之而不獨驕悍之兵可去即節制之兵俱可去夫尺籍有兵閭閻無兵則數多而力寡閭閻有兵尺籍無兵則數寡而力多盖惟去兵者深于足兵也嗟乎小戎駟鐵有兵之名而有兵之實者也河上逍遥有兵之名而無兵之實者也若夫無兵之名而有兵之實者雖一時權宜之策哉然已深合先王寓兵于農之意矣

此句收拾前議論

兵之所以可去者以食與信在耳總之無食與信則無兵固害有兵尤害有食與信則有兵固好無兵亦好此是聖人朴實頭計策未嘗稍涉權數也人謂此文能談兵未敢妄許其佳處只在一

天蓋樓偶評　下論　五四　丁未

天蓋樓偶評

字下得直截痛快耳○子貢議去只要在三者分出輕重耳意一在去也若論兵中原有可去已非正旨謂足兵敢于去了兵深于足尤屬旁枝然足以闢叢議論心思益人智力

去兵

曹之升

雖論

周政無民外之兵惟足斯可言去也蓋兵即民也兵可去而民不

仇滄柱云決無兵食既足

可去言去不益以見其足哉子若曰賜言政而議足并議去去正

猶有不得已叙去之時去字非本有而除去乃本無而緩圖是

所以業足之萬全也我合兵食與民權復即兵與食權通其變而

子貢問緩非問何去也其說非是　真讀書依古通

酌其經亦仍無失乎周官之意而已矣何言之春秋之兵不去而

知時務者

自去者也周之兵則去而不去而遂無害於去其先如族師遂人

各校夫家之衆寡可任役者而卹甸諸長又簡井邑之車乘牛馬

可供賦者及有事而司徒征徒庶以旗致萬民小司徒即會萬民

之卒伍以赴軍旅其間鄉師以下各帥其夫役簡其車輦以受法

於司馬此萬世常足之道也而何有於去哉言去則莫如去春秋
固而存之欲其厚瞭若金光
之兵蓋周制無賦一兵於民外者一變而齊以內政征兵矣晉則
軍政之坏自管子始
毀車為行兵矣吳則與甲士以為徹行之兵矣不特兵與民分且
倚有崇車崇卒名分崇車〻兵崇卒徒兵
車與徒分而車徒兩兵則皆出之邱甸賦車鄉遂賦人之外而自
明季習累吾民一百年即其所以亡也直注無信不立
為聚散其徹也勢必至有兵而無民故曰春秋之兵不去而自去
轉入正意
者也至若周之兵亦何嘗不可去哉名則其兵實則其民〻不可
篤定周官經去字兵實〻寫出老大作用來者見聖人言
去也不得已而若所謂族師鄉徒遂人較役邱甸治車輦牛馬凡
六必可行也何義門以去非實事直不通經之論
會司徒而致司馬皆置之所為去其名也去兵之名存民之實使
中有信字在不稍淺後世時事
相保相比者之猶足自固而一切以民養兵不如無兵之說其在

三代以下軍政既壞則然而非所言於周之兵也故又曰去而不

能破

去而終無害於去若此也且周即使兵與民分兵去而亦不遂為

此轉更透切是孔門實在經濟

民害攷古制軍法天子六軍其所征之數不過七萬五千人而王

畿千里以一家三口計之其為民而不為兵者約數百倍於為兵

之數則民果能信是以一千五百數十萬之民而去此七萬五千

奇想

之兵固何不可守之有我與賜商所去於既足之後所謂不言去

傍看二字生情

世波可嘆

即不知足之藹全者非此之故也哉嗟乎流及既衰兵不足而募

中包無數史事

民則民変食不足而裁兵則兵又変是兵未易言足兵又烏可輕

言去哉賜亦期無失乎周官之意而已矣

融會。周官。精。義。貫。串。春。秋。內。傳。華力千鈞光芒萬丈。足以推倒
一時。方藁章〔族師〕以時屬民而校登其族之夫家衆寡〔遂
族師遂人人〕以歲時登其夫家之衆寡及其六畜車輦征徒庶
〔大司徒〕以旗致万民〔小司徒〕乃会方民之卒鄉師注詳
而治其徒庶之政令會萬民伍而用之以起軍旅乙兵
徧內政注詳上篇軌
里連鄉注數車兵甲士皆見左傳邱甸賦車二句見周官小司徒
及鄉師遂族師起徒皆見地官相保相比〔大司徒〕乃施教法於邦國
人注疏都鄙使之各以教其所治
民令五家為七萬五千人〔大司馬〕凡制軍万有二千五百人為
比使之相保軍王三軍總計之是七万五千人也
一家三口一夫上父母下妻子三口謂父與本身以及子也兵不足而募食不足而裁
〔文獻通考〕漢武帝恐京師無重兵而生變于是分北軍為八校
而八校之置以習知遠方之人充之則募兵始此嗣後東漢安
帝募民入錢穀為羽林虎賁而營衛之選衰桓帝
又減羽林虎賁不任事者半俸而京師之兵弱矣

去兵

張士毅

為去兵之說者、即寓足兵之意焉、夫兵何可去也、乎之所謂去兵者、其必先有足兵之政、而後可以議去乎、且國家當不可去兵之日、真所謂不得已之時也、夫禦變者莫如兵、固圉者莫如兵、國家而必不得已則兵尤重矣、優游無事、而兵猶不可去、況乎不得已哉、然而酌于三者之間、必先去兵者何也、說者曰、兵有衛食之名、亦有糜餉之實、取有盡之脂膏、而養無功之卒旅、非策也、苟為食計則當去、兵有明信之方、亦有尚詐之術、示攻取之詭道、而徹蠻結之民心、非正也、苟為信計則當去、不知耗食者弊起于衰世也

房書小題金丹　論語

聚之兵無事而坐食皆仰給于縣官老弱者耗其半疲瘵者耗其
半不得已而散兵歸農則又患其無田可耕流亡盜賊之所由起
也則去兵之害甚于不去矣若夫寓兵于農之世固無此患之
患也而又何兵之可去哉不知害倍者皆起于後世不教之兵有
急所徵發素不嫺于教則召募者有離叛之心烏合者成潰散之
勢不得已而銷鋒鑄鏑則又不足以懸然骨土崩瓦解之所由成
也則去兵之害尤甚于不去矣若夫秋冬講事之時又無所謂不
教之民也而又何可去之兵哉然則去兵者亦去其兵之名而已
主伯亞旅之衆皆可爲折衝禦侮之資隸于司徒何必復隸于司

去兵（論語）　張士毅

馬也且君行師從卿行旅從惟征伐出境而後有卒伍兩之名
（發去字精論不磨）
耳若不得已之日豈復能成師出然哉執干戈以衛社稷非畎畝
（綮唸無一字冩意疏）
之農夫亦市壘之赤子即使授兵登陴亦不過如廬舍守望之常
（想見二代盛時）
（兵由農合一之意）
門庭餽饟之用而已一國之中人盡兵也又何從而別其為兵則
兵之名亦可以不立矣抑去兵者又去其兵之制而已推心置赤
（語更精警）
之餘何莫非腹心爪牙之寄民有君親亦何必君有士卒也且春
蒐夏苗秋獮冬狩惟農隙講武而後有訓練簡蒐之制耳若不得
已之時豈復能從容振旅哉完守修以待不虞民視國如一家亦
視君如一身即使執殳前驅亦不過如家之役其子弟身之使其

舟書小題金丹　論語

寄籍而已一国之中無一兵也而兵則何一不爲兵則兵之制更可以不設兵豈乎去其行伍之兵然非去其耕鑿之兵去其有形之兵而非去其無形之兵則去兵之中即寓足兵之意而豈徒同去兵而已哉

不得已而去兵此并說到去兵深計妙用全是精粜其議論處暢條達更似蘇家父子論事之文漢武曹

聖人去兵之說絕非權宜作用蓋秦誅無兵守國意何見鑄中議論雖屬翻案而寔有大經濟在學者讀書論體當作如是觀

去兵

去兵

癸丑　儲晉觀

議所去于三者之中亦惟使民自衛而已蓋教養之具不可無而兵在所可緩此聖人議所去而先及于兵歟且先王寓兵于農也聚之為兵散之為民故可聯民以為兵而資擁衛之力即可徹兵（議論切中肯可斷跤）以為民而紓軍國之需苟一旦有猝然之變無不可以通變于其間則于斯三者而議去乎固不必再四躊躇而決然于兵矣大抵晏安時之井里積儲相望或易替戒心則守望宜戒而至于不得（育卓識）已則空廬之蓋藏不足以供擊掠而郊壘轉可無虞柳承平時之子弟負耒橫經易流于積弱則振武宜先而至于不得已則忠義

之感激亦足以固吾圍而徵發自可以不擾一非不知內變既興外

（去兵利害抵掌而談包括多）

侮旋起無兵將何以禦之而不知歛兵所以衛國而飛芻挽粟度

（少史書）

支告匱而車不閒則反以蠹國也兵所以衛民而輓餉轉輸百室

既空而君不恤則反以殃民是有兵之為損不若無兵之為利矣

夫去車徒之衆以厚閭閻之儲瘡痍定而老幼安何憂外侮之或

（樹伏）

至欲一非不知國藏空虛人心易擾無兵又何以制之而不知以民

（六力悉敵）

為兵則安坐而耴給其不為兵者已被其害陳兵衛民則空虛而

莫給其無以應者更傷其心是有兵之為累不若無兵之為便矣

夫專君上之戴而弛入衛之令徵調息而蟠結固何慮人心之未

輯綏國家之患在慕疆場之威而輕小民之物力彼國勢搖而君

從去字對面看出所以當去之故奇警

勤兵甲則財匱於軍實而士卒先無以自强國勢所以益危也吾

雄健

決然先去之以示家自為養人自為衛則力完而有以自固猶足以相持而圖存經濟之紐在勞軍士之力而無至誠之感孚彼國故多而君勤訓練則民困于擾攘而士卒先無以自戢國故所以益急也吾顯然先去之以示義有當先力有共效則遭變而撤其

到

底精悍

守備猶得以相持而莫困此決計于三者之去斷在於兵也

鑿鑿指陳立論俱有根柢筆力之雄勁直逼啓禎名人　王受之

秦漢以前兵民合一無事為民有事為兵所以可去唐宋召募

八科小題文粹　論語

為兵相沿受病作者洞見得失偏借後世不去兵之害抉摘所以當去之故經術湛深豈復為八股生活唐端士

去兵　儲

去食自古　年饑

谷應泰

知食之可去毋憂無年矣夫信不存焉食將安附故食之可去猶去文守質耳哀之憂饑也何居周官以荒政十有二聚萬民七眚禮九藩樂務教素朴為天下先誠謂賑窮恤乏焉用文之爾是故

以戒取題古藻續紛

國依于信民伏於質合是而欲彰物采于撲潦之年訓黼黻於蝨螟之歲是儒生之恒談非經國之急畧也世辟不營徒云憂心孔棘噫甚矣僞說者謂食之不可不足也猶文治之不可一日無也

祖襲左史禮子供書題相關合

然而魯邾告饑臧孫氏以吉磬乞糴於齊衛邑凶荒公叔子為粥與國之餓者饑饉薦臻何邦蔑有所憂者食云匱矣民心隨之爾

古訓有曰民敦工樸商慤女憧雖有九年旱七年水民不框無業色是故民莫患乎心死而仁食不與焉宜乎仲尼籌政斷焉去之也吾聞君子為國其禮文隆殺之上下年大登施取其厚年儉登[中環組成一眾叢千無縫天衣]歛悉從息不幸而年饑昭矣爰是勤而不實樂祭以薄樂無鐘鼓章不雕攻器用陶匏服尚素玄恥炫耀而勿襲賤奇靡而不珍所以訓忠信保誠朴也棘大夫之說誠有為言之乎端木氏又從而惜之蓋謂文質二者洗乎治天下之大端也必使等威無辨文物鮮路盡出於質而後可測是國無明備之實而民無綱紀之修矣其文炳蔚不為虛縟者幾希雖然寔之不存名將焉附為國家者

欲去質而飾文乎抑并去信而徒存食乎此殆不可子貢較論文
質不若食信之說折于大中也人君知此牧養黎元使天下家誦
羔裘之吟酒領食稿餼給公私咸贍舉遺與禮蒸蒸向治焉上也
否則藏賸撤懸始節儉示太素與我民秉忠抱信之死靡他次也
計不出此而僅萬目年饑咻嗟哉食去矣食去矣寔如懸磬野無
青草夫何恃而不恐然則為哀公者奚道而處此亦惟敦龐淳固
樹信于民庶幾國可永存而周元公尊親之文治克漸復也此有
若之以徹告也

文質饑食絕不相蒙鑄題心苦遂有起伏迴環之妙前芽後勁

本朝名家傳文　論語

自成關鎖而中權一峯更不知何處飛來

去食

徐葆光

有尤重於食者而食始可去矣夫去至於食則幾無可去矣苟非有尤重於食者則食烏可去哉且夫食必先求其足者亦謂食之不可去耳然食苟足矣則又未嘗不可去為政者不早於足食之時而預為夫食之慮一旦有急而患其無食以為食可去而國愈危矣兵已去矣所存者雖有二者之名然其實亦止存一食耳國家有締結之民心而食以維之則愈固即至朝不謀食而苟非土崩瓦解之秋則食猶不可去也草野有尊親之翊戴而食以輸之則愈堅即使甚矣其憊而尚為易子析骸之計則食固猶然未去也然則去食之時雖

星云淵夫昔有之緣

二股先於敘苛險

欲如矣之徘徊不去而已不可得矣朝去之而民夕亡又何知所去者止有一食也雖欲如矣之從容議去而亦不暇計矣食一去而民

[illegible]

從奇處撐身

隨之又烏知食之外猶有所去去也然試起溝壑之民而問之曰爾

撰句老

猶可自全也爾第叛而君背而親即可以轉徙而為福乎民而欣然應也則有與食俱去者矣若不為應之而欣然乃開之而勃然則溝壑之中且萬被戮而不辭而一食乎何有也雖瘝弟飲血以去之可也又試屬餓莩之民而問之曰爾毋為俱困也爾其解而餘離爾心其背思棄亡以圖存乎民而掉臂去也則又有先食而去者矣若不為掉臂之去而甘為駢首之誅則餓莩之衆且爭就義而如歸而

一食後何忍也雖鼓舞踴躍以去之可也然猶勢窮而計無復之耳此非乎不得已者也一而是其忠以盟之而民誘之以利假令易溝壑之民為衽席之民而又問之曰爾必不忍叛而君背而親其急舍衽席而趣溝壑乎夫義憤可激抱危亡而不能奮於姿樂吾慮民之慨然而莫應也不然而急我君之飲食我卻而倍之也則從應上張本正得斷出民不能以獨飽矣去之矣抑猶力感而計不旋踵耳假令易饑莩之民為安飽之民而更問之曰爾必不忍辭而就離而以就甘舍安飽而即饑莩乎夫冥痛身切於患難而不忍觸於生全吾慮民之漠然而不動也不然孰非吾君之飲食我卻而敢忌也則食且不能下咽矣去之奚盖必至是而後可曰去食也非然者食去而民死耳又安

知其信且長存也、、、、、、、。

去字妙從民情體貼說得有哭有笑有悽慨有從容信字精神十分逼露却自筆〻淩空可謂神技　吴荆山

妙在足食之時預為去食之處二句是已足後即是承上民信之後滿腔之民四股憂患不為之移安樂不為之動皆根民信來故對下二句躰含飛動　師洛

去食

張懋德

有尤重于食者而食始可去矣夫去至于食則幾無可去矣苟非有尤重于食者則食焉可去哉且夫食必先求其足者亦謂食之不可去耳然食苟足矣則又未嘗不可去為政者不早于足食之時而預為去食之慮一旦有急而患其無食以為食可去不知且有與食俱去者是使區上之食反進而處必不可去之數也而國愈危矣兵已去矣所存者雖有二者之名然其實亦止有一食耳國家有蟠結之民心而食以維之則愈固即至朝不謀夕而苟非土崩瓦解之秋則食猶不可去也草野有尊親之翊戴而食以輔之則愈堅即使甚之

（含信字）

（曲折味深）

何云糊去昔有之論

其愈而尚為易子析骸之計則食固猶然未去也然則去食之時跳
欲如兵之徘徊不去而已不可得矣朝去之而民夕亡又何知所去汪云翻跌透
徹者止有一食也雖欲如兵之從容議去而亦不暇李云空而起計矣食一去而民
隨之又烏知食之外猶有所未去也然試起溝壑之民而問之曰爾
猶可自全也爾弟叛而君背而親即可以轉禍而為福于民而欣然
應也與信不立意已在言下則有與食俱去者矣若不為應之而欣然汪云去字有着情致妙而乃開之而勃然則
溝壑之中且萬被殘而不辭而一食乎何有也雖流涕飲血以去之
可也又試屬餓莩之民而問之曰爾母為俱困也爾其解而訴離可
心其皆思棄亡以圖存乎民而掉臂去也則又有先食而去者矣

不為掉臂之去而甘為駢首之誅則餓莩之衆且爭就義而如歸之一食復何戀也雖鼓舞踴躍以去之可也然猶曰勢窮而計無復之（活云一悲一笑一丁寧寫得淋漓曲折）耳假令易溝壑之民為衽席之民而又問之曰爾必不忍叛而君皆（翻轉說更好）而覩其亟舍衽席而趣溝壑乎夫義憤可激于危亡而不能奮于安衆吾慮民之愀然而莫應也不然民且吐嘖而相告曰而忘我君之（妙上）飲食我耶而信之也則義不能以獨飽矣去之則竟去之矣抑猶曰力蹙而計不旋踵耳假令易餓莩之民為安飽之民而更問之曰爾必不忍解而體離而心其甘含安飽而即餓莩乎夫哀痛每切于患雖而不必觸于生全吾慮民之漠然而不動也不然民且廢食而長

嘆曰此非吾君之飲食我耶而敢忘也則食且不能下咽矣去之則又去之矣蓋必至是而後可曰去食也非然者食去而民死耳又安知其信且長存也

食之可去以有信耳然其實義都在下二句文能照定信字憑空發論絕無一語犯實筆下更有馳風驟雨之勢　汪右衡

去字妙從民情體貼說得有哭有笑有慷慨有從容信字精神十分迸露却自筆上縒空可謂神技

去食　張

去喪無所不佩

彭澤令

君子之佩有别其常于變者焉蓋佩其常也喪則不佩變也去喪則無所不佩觀于此而處變之義明即佩之義益明且紀君子衣服之制於亡其附之者惟佩夫服者身之章也而佩者衣之旗也是故必冠及之有德佩焉若衡璜衝牙之屬是也而君子之佩取精也多有事佩焉若紛帨玦捍之屬是也而君子之佩用物也宏無所不佩蓋其常也其有變焉者則惟是居喪時數化之傷一還撫括髮苴杖此心縈縈然者衰不歎此廬也苫塊之痛一回思雞鳴盥櫛此事惘惘禁如者何忽為此態也而直所論于去喪也

眞無所不三字未盡

提起老

轉接清

閒與接轉

哉夫稽其來忌之衷先王制禮當嚴而及也以霜露之物更譏然鞶佩之餘撥諸觸祥而莫敢則已亟矣而非以有終之誤先王制禮當備而就也以吉凶之一既判尚玦然紛佩之儀徙諸彈琴而不知則已過矣况以佩之義大也非徒以其實也夫進退之間能右徵角慮或愆于度而要有取節為者且使一有不具則乖乎左右動靜為陽主義大宗采為陰表旋之宜無以裂義之合而相制此于佩可以觀君子德之純也抑以佩之用急也非徒以其容也夫鼓應之頃詎慮或害于材而要有左宜陰柔右宜陽剛待給為者且使一有不具則關乎陰陽剛柔之旨無以為用之廣而無方此于佩可以觀君子事之豫也是故齊則績佩戒其敬也

地家出二人役法固不盡于自賦也然此特總計其可以任役者耳若夫起近郊而賦之乘通遠郊而賦之穢既各任夫稼穡之生賓役參稽以致詳之下劑倒以自賦無論宮田上田賞田俱未嘗評責于其後也鄙都郡中之賦以待賓客而會其數則國之君子亦仰給于其中而已矣爲國中之奇零不一一約之以九而畸策難齊其地忽放十夫之溝以十乘之而賦其一一此百夫之洫千夫之資焉者之川與萃諸此矣物土之宜以通地之變辱不安宅不已見損益之各當也哉而國中之賦聚異常平之以野而起與不便于潤之莫就五十之貢以倍加之而通爲十即與兩井爲邑甲邑

本是法精法

為鄉四鄰為何求無大興袞師井之意而不泥井之形則壤成賦

不為貢助法之盡善也哉勝而有意行也請自吟然可矣

只是周禮講得爛熟而亦了本了極見分疏縱頓挫而無餘不生

目見其筆無懈　倪景叔

國中什　彭

去聖人之世 二句

史普

望聖人而邇其世、幸之也、夫孟子之下孔子、去之即遠、其庸已乎、而術集未遠已若此、意謂吾嘗慨想于春秋之時、世有孔子、而堯舜以來、道煥然復振、猗與盛哉、此其爲聖人之世乎、惜乎吾不及其時而退、論于其間也、至于今、蓋去之百有餘歲矣、斯民也生于此時、晚乎前望已遠之聖人、而不可見、當乎後顧無窮之來者、欲爲斯道存幾乎、古、不、遠、而雖特也哉、雖然所處爾也、夫由堯舜湯以至孔子、其間之相去皆五百有餘歲、未之前少矣、今何如乎、析而計之、僅五之一也、且孔子雖纔去耳、而祖述憲章自堯舜、此其爲五百有餘歲者

○神○情○俱○往○

○不○斷○承○上○即○點○去○字○入○不○無○限○感○慨○末○二○句○音○節○殊○

○入○未○處○

○精○刻○盡○致○

○當○合○有○波○致○

且更其三矣今何如乎綫而計之猶未乃十之一也今夫人之似續

森批此從君子之澤五世而斬意翻出

其先也有世不遷之宗則已歷五世而遷之宗則已歷夫五世而遷

二百有餘歲乎以此言之今之去孔子其澤在未斬之世矣而

人壽之不齊也堯舜之生嘗百有餘歲文王亦且百齡焉以此言之

此處尋常意思不到

今之視孔子使以數聖人當此猶幾及之有生之初矣而且謂遠乎

轉更高淵秀遠意再上二篇

未遠豈摩乎孔子之深故不可以世數計其將與天地無終窮而存

也以無終極視百餘歲于其間頃刻耳吾所以私幸其若此而不敢

以為危者此其一端矣

連下三句五百有餘歲正為此句作勢作者妙解都切上文擭題

出未遠其未致更自出處

去聖人 史

去讒　　王希正

讒之爲害也、宜先去之焉、夫讒之不去而去者正多矣、人主其可視爲緩圖哉、嘗謂方正莫容而邪曲易售、此古今之通患也、雖然邪曲亦何能爲哉、彼其所以肆其毒而患未有已者、其機雖深而其技亦淺、惟夫上有不及察、彼乃安然而得行其志、則亦在乎人主之早絶之耳、蓋國家有君子、即有小人者、常也、國家有小人、則無君子者（剛○斷○制○木）、人、常也、一君子立于朝而衆小人爭之、則君子恒不勝、夫小人而能（可見亡之故了寄○清○劃）（元祐之所以卒變爲紹聖也）勝君子者、何術也、無他讒而已、衆君子聚于朝而一小人圖之、則君子必日疎矣、一小人而能疎衆君子者、又何術也、無他亦讒而已、

吁、慎之哉。門內之不容有以讒而搆者矣。父子相怨，兄弟相尤，夫婦
居華
其父轉
相怒，而刻薄寡恩之禍興矣。非讒人之交構致之，況乎情分之澗絕
者，其讒之行也易矣。敵國之相傾，有以讒為間者矣。離其君臣，攜其
黨友，絕其與國，而背叛侵陵之變起矣。非讒人之反間致之，況乎邪
正之齟齬者，其讒之入也深矣。人主之所傾心，讒人之所切齒也。緝
緝翩翩，必欲奪人主之信而使之疑。即人主不之疑，而為之諱者，且
溫公前鑑莫與結為何況其他
因以有疑，乃欝欝不得盡其意也。如之何勿去人主之所昵容讒人
之所側目也。攙攙懦懦，必欲釋人主之疑而使之忌。即人主不之忌，
安得用而親之辭何非妾嬖奏
而為之諱者，反有所顧忌，則惴惴自引而遠避也。如之何勿去夫讒

（秦二世之于趙高）
有愛之而不忍去者近習嬖倖窺人主之意旨以巧發而陰中使人
（恭顯之于蕭望之）
主目移而不覺即覺之而不罪反或委曲以從之者則蔽之甚也哉
願人主之明以絕之也夫讒有畏之而不敢出者強臣悍族決震主
之威權以陽收而顯斥使人主聽之而不覺欲遠之而不得姑且優（武帝之于霍光）
（莽武安）
柔以順之者則懦之甚也哉願人主之剛以斷之也詩曰取彼譖人
投畀豺虎傷于讒而欲去之之詞也人主可不自為去而使天下人
爭欲去之也
夫讒禁與薄蹊對照前從君子小人大段敘來是發原非術侵也
後或拓開一層或剝進一層其流毒根源抉摘無遺噫談虎擊齒

觀此可以整襟動容矣　原評

入手先操破讒與賢之不兩立以下方言讒之易中與被讒之難辨見所以當去後二股又總言去讒之難不正寫去字該絶不犯手胸羅書卷放筆自豪空拳當敵自成聲響耳

去讒　王

第十冊　卷二十九

古之人未嘗不欲仕（孟子）　戚藩

古之人未嘗不欲仕　戚藩

于仕塗古人之情豈與難仕者異矣夫人之欲仕誰不如人況情深（即注下句以為本句）若古人亦難仕者亦復急仕耶目事之所以一欲而孤行者即可以不欲置之者也謂夫有所欲更有不必伸其欲者以兩持之于是欲（本嘗二字幾轉得神）之情益徘徊而不能釋吾以此觀古人之心于仕蓋由今疑古人（注無欲難仕落脈）之于仕者殆亦未嘗欲之耳明不欲仕者其心非即無欲也則誰（照下）識其類異而不得謂古之人之不仕也緩緩乎須欲仕者其心轉難自處所欲也則雖名近伊周而不得謂古之人之欲仕也我思古人（留未嘗語氣下半偶吞吐出之）獨無欲仕之情乎而又何可竟謂之欲仕乎以其模身窮約十畝閒

閒似乎不言仕仕亦彿乃肴矣然窮其落言之閒身後王國則宗姓（原批供切失位該）

行澤畔而吟辭列徐工則傾人峨簪羅而然衆衆焉欲成其利見之（止于天仕廣有其欲多有了）

名至無不得已而始以存阿在闕明其意其實古人之心未嘗不自（亦痛嗟亦）

向畔寢也不得欲也以其抗志立朝遮同官隱似乎雖言仕猶介不

仕者矣無觀其神思之微漸以臣知君不知臣爲恥其以可小用（原批經射由道）

不可六用爲偏聽焉焉欲盡抒乎佐之才至薦不可爲而始以衰出

或庶幾其志其窺古人也心未嘗不讓矣力用之不逢年也一啟有不（朱說不欲謝出未）

即仕之人無不欲仕也人一見而奪人人相位古人未嘗欲之稍了（尝匿而聚勞仍半）（其批賓本翻新）

得一職而賢者大喜過望古人未嘗不欲之也然則使非熊非羆之

卜早待之彌仕之年古人不更得意歟有不必仕之人無不欲仕之人欲車騎侍從擬于王者古人未嘗欲之若造膝請廬指顧而定天下古人未嘗不欲之也然則使如王兩國之心并力共贊修之樂古人不更快心歟不然是諸侯失國而無宗祀之憂農夫輟歲而無大有之學也夫古之人未嘗不欲仕也

未嘗不欲四字中急化難仕都有曲曲描摹下句正在吞吐間而結藻疏韻風致動人嫣然一笑方覺桃李粗俗　呂荊山

先抑不欲仕一層蓋下一句倒鉤轉來當以留住本位標格關雎淡為離題

〇〇〇古之人有　是也

江南陸建運

援周王以證勿取欲堅齊王之勿取也蓋文王從未嘗有取殷之念（正論有不可滅）況斯時之民已悅文王甚也然孟子欲齊王勿取燕姑設以為證云且古聖王無利天下之心其終守臣節不事啓疆者初非為觀望輿情之舉然苟欲奉之以為後人之鑑即謂古聖王當日亦嘗觀望輿情而不敢遽覬非常可也（一句作撐生出半篇文字）取之而燕民不悅則勿取此不易之說也而臣意王必且有艴然于此者焉謂有名之師人所自服乘勝之勢漸難終沮在廷之議亦既有忠言之可憑冥漠之中更若有神助之是恃非淹之歲月以老我師也非兩軍相持未克滅此而朝食也可勝即可以可取即無不可行我取又奚問燕民之不悅哉嗚呼是真

大悖乎古之人也（妙用出下二句）是真不以古之人所行之者自準也使不顧民之（又一句作）不悅而遂取之也將曩者攬海內之大勢而王室之不絕者如綫斯用乎矢之靈以脅服未靖之人心革命之事竟及身而為之矣曆數謂古之人之發憤為天下雄也固先我而行之也且曩者操典兵之重權而為暴主之羽翼者復藏斯任專征之力以驅除腥聞之片壤易姓之舉竟無俟再傳而見之矣庶幾謂古之人蓋受命若斯之亟（處處透出此意）也固在脊而行之也此莫若文王矣乃文王誠世篤忠貞也故不取（圓活潑好）殷也然以其可取而不取也何妨曰彼已預料頑民之梗化而先厥子以養晦乎文王有相時之識也初非緣方國之既受而妄托天命以闘干也文王誠乃心共主也終不取殷也然以其可取而終不取

古之人有　是也（上孟）　陸建運

也何妨曰彼其徽伺淮徐之必叛而老于城于州莽乎文王有度勢之明也初非緣三分之既集而遽假帝位以誣民也倘文王而在今日即子噲可誅誅之而已矣子之可戮戮之而已矣猶念召公之德澤既渫其民必有不輕去其王者而稚席之不遑慰勞之不遑矣以視王之於燕何如也然則文王之終不欲取殷姑置勿論（筆筆挑開筆筆粘帶上下以共雅）縱令有取殷之心（見手法）而乃以民之不悅而勿取已大異王之于燕也請得爲王設一鑒曰古之人有行之者文王是也

文王未嘗欲取殷文王之民未嘗不悅千古正議自未許權詞楪過且此意提闡分明蓋令取燕者大失地步文家爭上流法也撥還題面又極軋圓繫鈴解鈴全以神通爲游戲

古之狂也肆　一節　　辛未　湯先甲

衡三疾於古今、核其實而有不可假者已、夫曰狂曰矜曰愚皆疾也、而其真自不可掩、奈何以今之所爲疾者當之、且古今之不相及也、亦審于名實之間而已、夫名猶不可假、況實之所在而可相蒙哉、爲一一核乎其真、而或益之偏以竊其似、或反其道以行吾私、皆莫逃乎識者之鑒、而彼方自謂詞之得也、民疾惟何、曰狂、曰矜、曰愚、三者皆非道所貴也、顧其中猶不可以無辨、中行不可得矣、然幾得狂者而裁之、志嘐嘐而慕古、即繩尺有所未必遵、而大防自有所不敢越、吾猶與肆者之知所檢也、而後且不止於肆也、世固不可馴。禮非為我設。若瀆大川焉則蕩而已矣。是今之狂而（語簡而盡）非古之狂也。達節非所許矣。庶幾得矜者而守之。行落落而難合。惟恐不善之或免。已而非必不善之常在人。吾方異庶著之有可（頓挫）化也。而後且不止於蕩也。有意以作其氣。無端而怒於言。如積不平焉。則忿戾而已矣。是今之矜而非古之矜也。然猶可誘曰浸淫（急作一短峽按）（中得沉此處筆鋒凝）以漸而勢不能止也。（妙）至于愚而尤可異焉。哲人不可概見矣。豈得以愚也而絕之識。乇而未開在我之坦率。可以自將而入世（變調卻自天成）之險巇。有所不顧。吾固謂並者之無足怪也。而今則不直尚不足以盡之也。一則理蒙而欲亦淡。一則貌厚而機日深。雖智者亦將（更透）

墮其術焉則詐而已矣是今之愚而非古之愚也夫矣非美德也
而不失其真猶覺古風之未可盡泯今則俗流失而世敗壞日益
之疾矣愚其有瘳乎

前輩於數扇題從未嘗用驅駮者但於循題布格之中寓變化
相生之妙故愈板愈生今則一口平呑孤題之列眉以就我之
合掌不唯板而且死而轉自以為才大殊不顧識者之攢口也
直作三比逐字生定而自有波瀾韻度出乎其中所謂風水相
遭文自成焉三十餘年來不見此矣　陳句山先生
精義洞達串穟堅栗文格在西安京邑間先輩之所以不可

及者○為其簡而透○繁而不可刪也○總在精神識力間辨取○若板
分數○扇中寔將○繁簡亦不在咨筆下○究須為印板先輩諸進一
解○院會元

古之賢士何　二句　　王思訓

士無不然、其道已古矣、夫士宜自重者也、而獨不然乎、如其何以為古之賢士、且吾甚異夫今之為士者、甘于卑視己而尊視人也哉、使己果卑而人果尊、則好善忘勢、古之賢王宜其不然也

入、得、不、宜

何以饑渴緇衣、寄情葭露、先為古之賢士而然乎、豈非以古之

出、得、有、致

士無有不然者乎、或者曰、俗尚通方、過高則傲、士之立談而取

反、頓、何字

相者何以然、學求巷遇、守己則迂、士之乘時以建功名者何必矣、使士而可以不然也、則衡門之下、誰復棲遲碩人之寬、又辭

以、振、止右、通、題、勢、如、來、當、警、若

濶皂裾弹鋏、奔走于炎炎之途、省脊之所謂誦讀之三……

王麟五稿

莘渭之耕釣無人也不亦獨重賢王而羞天下士哉謂古之賢
可偶字
而不然也哉吾嘗于彈琴鼓瑟之際景先哲之風期當山高水長
回語養局
之餘慕典型之不遠古之賢士其立品最嚴宰使他人或不然者
我必不可以少貶而其學術乎正即使舉世皆不然在我愈不
以自輕如同茹美釣鮮蕭然寂處時有然矣及見紛華而改厥
猶詔住何字
為則是貧賤然而富貴獨不然也斯人固不宜先後大懸也吾謂
古之賢士也疑如曰王前士前平居期許時有然矣忽臨爵祿而
易其節焉則是立志然而行事獨不然也斯人固不宜內外
也吾轉為古之賢士也信乎其不然而猶為古之賢士乎疑

然而竟出古之賢士乎吾盖望古遥集茫然長思一嘆也何細
欲〻飛
然何獨不然

題位甚狹用一直筆便無轉身處無使騰那法翻撇飛舞不見
一窘步文家得此秘密自然運用不窮　吴荆山

古之賢

古之賢人也　　包爾庚

舉古人之賢可以知聖人之所尚已夫論由聖人而定而崇以賢者爲歸也若夷齊者固足風爾求乎因子貢之問而及此謂夫天下之（語切夷齊不落空套）人不一而恒有人焉挺乎當時傳乎後世者往往處甚難之事而成其名也獨是也凡以制其行蓋俗情多鄙古道爲隆有志之士宜所稱引也乎問夷齊抑豈易哉者乎（自中肯眼）今夫審量之道先其大者是故論人于家國之際則其人之本末可得而見矣之兩人者豈有遺行與權衡之術取其重者是故觀人于名義之間則其人之是非可得而（處處說合以樂正旨闊合是古字）定矣之兩人者寧有能論與齊稽彼孤踪知鮮近今之慮而聞茲尊

明文得曉集　淡　論語　稿　愛吾廬課

是賢字　衡呂二字奚自有開始

行能總不肖之心求諸古人是為賢者也古者貪亂之風未若後代而激然獨往賢者為尤以是知人苟介之不牽流俗也彼寛廢之自

留得怨二字一問

處者非其類乎徒觀其表見之跡則前者矜尚後者抗情亦豈三代

雖是賢人　古字起

以下之所能總矣古者盛德之事莫可終窮而洎然寡營賢者為近以是知道在焉之不嫌畸異也如夷齊之相執者寧無謂乎嘗覽夫

夷齊特

傳誦之言則被也懷清此也厭潔固非中庸以下之所能及矣為夷

賢上求得治賢之一著

齊者第令處父子兄弟之正而發為成業豈無見于時乃孰難孰易必有能辨之今即運會稍殊矣而聞歌者觀忠孝之情覽微者識雲夏之意似六人之不淺如一也為夷齊者第令感宗廟社稷之說

則依人命術倫皆有辭下世然孰得孰失術有人議之今亦既衰且徂矣而遊游而發感慨之思陟山而動激揚之慕則曠世之交猶如一（思致州隣）轍也夏是以儒者之于人也視賢愚之雖存則度量相越思古人之際（又然叅出政）隅則辨論爲艱然而名無處刪事不妄感彼二子者若循不能無此焉天下雖大即安得而有人也（章有出切）

賢人二字內已包得求仁得仁矣深論該括而又不特怨乎一問酙酌的當無一此篇○靜穆之中有逸氣其品最貴

古之賢　包

古之賢士何獨不然

王邑尊歲取 莆田七名 李金華

賢士必不異於賢王大賢望古而情深矣夫使王然而士不然必上而非賢者也若古之賢士亦何獨異於賢王乎且時至戰國縱橫捭闔之習熾而士之品日以卑矣彼豈以為今世之君未嘗有對而取神重士之意而吾固不妨以是相徇乎若此者亦殊有愧於古風矣如好善而忘勢賢王既然矣夫勢分之貴不敵乎性分之尊惟王然自王而外誰則能然朝廷之志趨恒通草茅之寤寐王已然自王而下又孰不宜然吾是以有懷於古之賢士也賢士當讀書稽古之餘志向發已端然即使世無賢王猶復游于山巔之

間以自高其品槩賢士抱幼學壯行之略識力久已卓然矧尚上
股法相生　出符緊湊
有賢王尤欣慕乎明良一德之盛以自謹其步趨而謂獨有不然
乎威有見其然而議之曰是何迂甚士人處世當自有善術耳主
然而士何必然柳有見其然而笑之曰是何固甚士人立身貴能
議時宜耳賢王然而賢士何必然不知士而不然必士而非賢者
也若士而賢矣其平時時數自度思與賢王相與而有成而觀以
綫不化實　逐字抓剔
不然者竟讓賢王以獨至乎且賢士而不然必賢士而非古者也
若賢士而古矣其平時品望自重期與賢王相得而益彰而甘以
著有唱
獨不然者致為賢王之所鄙乎惟其然華野渭濱之間真風自泯

嗟乎人尋繹千古而當日之賢王愈以顯其慕吾之誠心則雖賢士有以成賢王之大惟無不然師事友事之文雅懷至今堪挹而當日之賢士能自遂其不屈之素志要非賢王何以成賢士之高哉吾安能不望古而情深乎

極意爬梳不負題妙然其文筆之秀潤由乎粹養故是雅人深致　師方釋左

轉摺語題逕頗窄能以寬展出之自覺游刃有餘比比不脫賢王兩州呼應取出何獨二字口角得竅　陳子奘

股法蟬聯而下絕無窘步之形精神奮發以出具見巖嶽之象

一適軒遺草

黄玉墀

元

古之賢士　不得亟見之

石六尊觀七
紗定等　名吳化

觀古賢士自處，見之所由不易也。夫使敬禮不而得亟見，道忘勢之謂何矣。古之賢士然乎哉。且吾不解乎今之出入諸侯王者何謀而之不難也，吾又甚諒毋今之出入諸侯王者宜謀面之不易也。夫己者既無所甚樂在人者，又有所難忘，則亦惟人之致之而已矣。若古之賢士，夫豈無所樂無所忘而與古之賢之判然殊哉。使川然然也，則亦非賢士也。賢王雖好善，彼無足當賢王之好賢忘勢；彼不能如賢王忘如是，雖欲亟見賢士賢王，不得亟見矣。何也？賢王有所好有所忘，而彼不然之，夫賢士則何獨不然哉讀

逆從來句翻又叠情致

找句冷雋

從古賢士對照上文以振起點首所以截清此界面翻此句極拔

云盡

從對面翻轉看下還未妙甚

折落有力良絕

價出賢十本頌　樂道忘勢是下截之所以然

一功深於夙昔然歟之致矣於斯護祇見然可棲澗可適審麻

段旦卷

伯夷舉相往來而王公乎何羨也野可耕川釣淡淡中自有聖賢

相慰勞而王公乎何貴也古賢士樂在己之道而忘王公之勢女

以道接此二比總以脉絡受法

故王公而欲見之也則必思我之所以見之者見其道也道在則見

以來句總寫上句

師子弟之謹安得而不先王公而欲亟見之也則必思彼之所以見

我者非見勢也勢屈則伸崇高之氣安得而不下若是考致敬盡

轉入不字正位

禮焉矣亦不然者內無側媚幽人之想外無折節良士之文古之士

總旋樂道忘勢說

醒句點

有蕭然寄己耳豈能以樂天知命之身而自尊貴者

之德音耶且有飄然遠引己耳豈能以塵視軒冕之懷而背為

驕人者特欲其心篤耶而謂得亟見之乎不得矣一則非賢士（著活動）難於見也君有訪道之誠則吾道可出而相之（跪樂）生平所學亦寧而忍以民胞物與之理不授之明王人主有簡賢之志則吾道不妨（繪色妙）以自重彼磬綫於我何貴而敢以黄琮蒼璧之光漫投於不好一（點明故字）（應起頓迴抱首句有情有）之賢士然也亦可以諒其故矣彼今之出入諸侯王者何獨不然曰何獨不然哉

轉換音節俱有古致想令毫綿邈得意疾書時也原評

古之賢士

古之賢士　二句　　呂葆中

惟古賢士之心不獨遜其上也夫士何敢自比於王然此心同則以
經亦同也士亦何敢不自同於王哉嘗謂士人抱德而處其所以自
負者固有素也豈曰上之人乃許我矣而我亦可以如是也乎夫使
（折開分明）
士人自待之心而必視夫上之所以待我此其意已不能無愧於古
人古之賢士猶義稱之矣則其所以自負者亦較然其可識矣如古
（分以好惡人小題之長技）
之賢王固好善而忘勢者也人使王即不好善王自不好善耳而士
（決論破的）（王也出賢士）
不類也何也世有不賢之王而無不賢之士故也今使王即不忘勢
王自不忘勢耳而士又不類也何也世可有不賢之王而不可有不

賢之士故也然則王即好善王亦自好善耳而士弁不顧也王即好
勢王亦自忘勢耳而士弁不顧也何也古無不賢之王而古亦無不
賢之士故也一稽令王屈於士士亦屈於王夫豈不曰王然而士亦然
（發明相反相成之意甚秀　二比跌然深生動）
也然而轉移之間術迥異則是王貴而士獨尊也而士何敢然且
使王慕夫士士亦慕夫王夫豈不曰王然而士亦然也然而易地以
觀主臣皆失則是王好古而士獨從今也而士又何敢然且夫世之
所疑者謂夫位列之崇卑形勢之顯晦士之與王必不可以同日語
耳雖然處崇高麟富厚儼然自得於上者王之貌也守卑賤居困約
歟然若不足於下者似亦士之貌也今使王去其王之貌士亦去士之

士也貌則王人耳士亦人耳何獨於士而疑之且使以王之貌視
於上之貌視士則王猶士耳士亦猶王耳何獨於上而離之而且使
以王之貌去士之貌以士之貌去王之貌則王非王耳士亦非士耳
何獨於士而有所異之一然而世之人必不能也抑有賢聖之君三薰
三沐以進其士使彼之自待一如我之所以待彼者而士且儲乎哉
若有所恐也皇皇然若有所不釋也即或高以浮言矜其虛氣以尊
顧睥睨乎萬乘之主而終不能泰然自得於其中也將無士、與三
有異位者當亦有異心有殊分者當亦有殊理王雖然而士獨不
以然乎無亦曰世之不古而士之非賢故耳古之賢士何獨不然

先輩作小題雖極其才華無不按脈切理不遺銖黍是才大而於
以下心所以不可及也細閱此卷自起至末一氣貫注絕逼古、
章法與先輩同一機軸　原評

何獨不然正指相反處謂士亦自盡其道耳若緣賢王作轉語更
失其旨於轉語中抉剔此意更覺分明

古之賢士　之勢

吳縣學　沈慰祖

士不慕勢、苟其道也、蓋勢在人而道在己、輕重必有分矣、夫古賢士、獨不若君之所好所忘者乎、慨自士習之日下也、修從横闔之譚、以歆動世主、衷名節而弗顧、既不能以道義自尊、擬妾而從人、復不免以勢位自屈、士、而若此、豈曰能賢、抑亦風之下矣、好善忘勢、古賢之有然、而士固何如者、朝廷普虛躬尚德之、岩穴皆有奮興之志、倘君誠愛士、而士不示以可愛之寔、為則道者殷勤弗置、而處士已純盜其虛聲、國家行側席長跪之典、蓬菓皆有登進之机、倘君誠下士、而士猶不無自下之失、為則亦

者勢分弗矜而志士反甘心于隨節蓋士之所守者道也君
而士何獨不自樂乎人之所以臨乎士者勢也君忘而士何獨
不相忘乎天爵之與人爵尊卑不一而視矣道在千古污隆有
易之操勢在一朝榮辱有忽遷之候孰者可樂而孰者可忘也
壯以極難言策
泉石之作有真趣斯殿宁之貴日闢無令威耳德尊之與位尊內外
容不辨矣道為性中之良貴日窮爲而業益增勢為物外之繁
獨慾為而節遂損孰者當樂而孰者當忘也蓋名教之地有純
斯功利之場無襟念耳帝者師王者友道在而勢有不得不屈
然不待為師為友之日而吾道始見伸也嘗夫考槃寤宿終我

以徜徉巳隱有草野不為辱廊廟不為榮者即使相慶彈冠遇
王于夢卜感恩則有之矣慕勢則何心也故初不必借賓賤騎（側注志勢乃深）
之說而獨見其守之貞富有仁爵有義道在而勢有不得自恃
然非以居仁由義之身顯欲與相抗也當夫空谷遐心儼萬乘
何有殆真有行藏之惟我默陟之不聞者即使乎居經濟奧交
夫明良待時則有之矣附勢則何敢也故雖未免有藐視大人
思而無嫌乎志之傲其斯為古之賢士哉
氣盛則言之短長與聲之高下皆宜

古之賢士何獨不然　周日藻

古之賢士何獨不然

周日藻

士而然也則王已如見其隱矣夫士不因王然而後然則王之固已深知士之必然也而奈何有不然且以今之薄待天下士也勿或又為之說曰王當尊士ゝ不當以之自尊是初未聞士之自處太自何如而徒見世主下交之隆以為收一時好士之譽則然嗟ゝ而不古處也則可參賢王之好善忘勢非獨其重自畀牧然也寧士在固不得不然又非獨虛為體貌然也實以士在即賢在又不必不然ゝ則古賢王正為古之賢士地耳夫人之意見不遠即情不相知而亦可以相知士挾一意以待世主之所加初不意有當于其隱

深妙

秀折

全神已足

周旭之時文

也一旦筐篚之好適當于其隱而出之則即王之所能然固以為有（石齋）
獨契于士之然而然矣（欲落未落）人之品詣既合即體不相侔而實未始不相
侔士懸一格以規世主之所同第恐彼自將挾一見而來也一旦
廬之誠絕不挾一見以臨之則即王之所必然固以為無或違乎
之然而然矣而士或不然也（奥折）則甚矣古今人不相及也彼古之待
于草間者其聲名竦動于王心（劒光翅翅）凡士之所欲然王已如見其然即士
之所必不然王亦如見其然則相得于意中者必無相失于意外也
即古之慎選于澤宮者其教養素深于王國凡士之所能然王
願其然凡士之所不能然王所深耻其不然則合之為兩美者

離之必兩傷也故王即有不然而士斷無不然所以定乎士之非因王以自重抑且無問王之然不然而士總獨見其然所以士之常而非責王以所難而詎謂士獨不然也哉蓋不問其賢則王

百般騰挪一落千丈

自王士自士也而知乎其賢則王亦賢士亦賢也去其王與士之名而第求其賢與賢之實即謂道為士之所獨且有不然者已

兩鏡引光影亦顧影最工于運勢　任翼聖

回顧前文即已虛按後步何獨不三字走處偏留縱處愈逼金焉能事亦復爾　蔡芳三

古之賢士　三句　　徐陶璋

賢士之自尊、猶王之尊士而已、夫士有樂道而忘人勢者乎、然而古有之矣、賢士殆不負賢王之意耶、孟子意謂士習至今日而數言矣、其自視也小、而視君也大、夫亦順乎君之意而迎其機以合、則其自卑而尊人、與君之矜已而傲物、適相背也、而世風于乎不古矣、若論乎古、豈特賢王之好善而忘勢哉、夫善何以好

入〇乎〇甚〇且

上之賢而好之也、勢何以忘、亦以士之賢而忘之也、假令王好之而士不自輕賤、以其道為干進之階、而用則行之、不用則藏之也、則彼亦然、而士不然矣、而焉乎賢、假令王忘勢而士不能忘勢

其勢為寵榮之資覺人之賤〻而已之卑〻也則賢王然而士
然矣而烏乎賢雖然古來諸姬之風來若後代而矯然獨往賢者
為尤古者自好之行遠勝今人而挺然不屈賢者為甚則使王〻
去禁一爭趨意躍然
好善猶將抗道自高於困王之不好而猶然也況王好之而已獨
不好乎天下之物人以為寶而見珍而有之者不必乎愛也無
理也賢士之於道亦若是而已矣則使王不忘勢猶將貧賤驕
不圖乎之不忘而精動也況乎忘之而己獨不忘乎天下之物忘
以為游不足重而對之者反崇而奉也無是理也賢士於人之勢
亦若是而已矣道可以夫衒而為伊呂亦可以待時而安耕鑿

何往而弗樂也。苟弗能樂吾恐好善之王轉戒鄙之而不好之、而賢者夫豈其然勢不能外吾道而自成其業亦不能抑吾道而獨尊其體則安見其不可忘也。苟弗能忘吾恐忘勢之王轉將忘焉而不忘之矣而賢者又豈其然蓋嚮歌自得實能內重而外而志節甚高益且王前而趨士吾是以穆然於古之賢士也

善用反筆挑剔題情一轉一側淩風欲飛如掌上舞

古之賢王　之勢　黃利通

勢不可不忘古之人皆然也夫勢無論其在已與在人皆不可不忘也彼賢王之能忘勢以致賢士之自忘矣然而其風已古矣且甚矣今之士亦然不必世主之有加於已而往往求為其奔走而不待彼世主者亦安然受之曰吾固有加於彼者也士亦曰彼固有加於我者也問其所以加之者何也則皆曰勢也勢之為害不亦甚矣哉是於天下不聞有好善之君也尊以勢自恣而已不聞有樂道之士也尊相競於勢而已蓋天下相率以自重其勢而不傾善之或輕天栖栖以伸人之勢而不惜道之多絀非一日矣如是則士之求爲

乎。走而不得，亦世主亦安然受之，豈是聖意？古者士自重，賢王亦
莫不重之。或師之焉，或友之焉，猶懼不得一當，而何敢後然而臨之
也。古者道常伸，賢王皆莫不伸之。或在朝焉，或在野焉，常慎莫我肯
領而交歡，傲然而處之也。好善忘勢，賢王有然矣，古之賢士何獨不
然也耶？且夫己之勢與人之勢固有間也。身有之者，方置之度外，而
旁觀者且置之意中。不已病於歆然下者，常自傾而當其衆而羣然
起者，欲苟得而分其榮，豈不多乎？古之人身在畎畝，未嘗無天下之
憂，而特其浩然自得，雖三公莫之易也。憂之者動之以富貴，懾之者
漢之以困窮，是烏知丈夫之志哉！以故沉淪沒世，亦有所不辭，而道

德之猶其重右之人身係安危不必無一日之過而特共嚮然無欲
歸嚮乘莫之所也迂之者謂當降而希世以求合貉之者謂當往而
下矣以鳴高是烏知夫聖賢之分哉以故太平之興非其人莫屬而
君公自失其尊然則勢之忘不忘也豈何以獨責之諸侯王哉嗟乎
後之王公皆或不能如古矣而士之自輕又甚焉亦勢使然哉夫惟
無道為敵至此也而天下于是乎無士矣

雖云二者宜參盡其道然觀何獨不然轉下意固重在士邊此文
起處並提上下截分講而其筆只則重在上見得何獨不然句作
一間轉換極而得解得法其行文更如虎蛇捉不住

衆題文選

古之賢士何獨不然　丙申南沙

陸燦

將斷賢士之必然者及而與王衡焉夫士非必一〻視其王之所為然一有不如賢王者即非賢士古則無此患矣蓋曰思古者在上之賢而不可得〻見古者在下之賢如見賢王焉欲見古者在下之賢而不可多得仍思古者在上之賢以何端相感動乃翹〻然有同塊合轍之慕焉則為思賢王好善好己之善乎好人之善乎必曰好人之善矣自賢王觀之好其善之在人者耳而其人己別之而為士好人之善乎抑好士之善乎必曰好士之善矣自賢王觀之好其善之在士者耳而其士已別之而為賢夫別于人謂之士非獨別于齊民

而亦別于委贄而滋仕者也○曰此周有其職焉○賢王方且以其官召之○而士則全乎其為士○全乎其為士○則必其有同乎賓師之理○而○後○于○上○而○擬○賢○王柳別于士謂之賢○非獨別于其委乘○而尤別于紱冕而抑闒者也○曰此周有其事焉○賢王方待以其術折之○而上則全乎其為賢○全乎其為賢○則必有無愧乎緇衣之好○而○後○可○反○而○同○賢○王反而同賢王○：然也○士亦然也○則吾無所致責于士○而脫有不然者○士非未全乎其為上也○未全乎其為士○則止可與朝秦暮楚者○定碑價乎○而吾又何所致責于賢王○而非也○士而非賢則可○士而賢獨○不○然○而擬賢王○賢王然也○賢士亦然也○則吾無所致疑于

古之賢士何獨不然（下孟） 陸燦

而既有獨不然者士且未全乎其為賢也未全乎其為賢則且
與將海拂衣者有志趣耶將吾又何所致羨乎而賢而非也士所重
古之賢也則可亦翻古之賢也何獨不然惟其然也可以不問上矣
王之所重在乎此王之所輕在乎彼士之風飈落落可思也而不得
不鄭重以申之惟其然也不可以不問士矣王之所重士所重之
將輕士所輕士之趨向斷斷可知也而不得不推原以合之蓋樂其
貴而忘人之勢者也

人動下句猶恐犯此動一節而不滿于題可悟離身拳法自評
筆筆翻筆筆轉如篆煙之嫋嫋而自上如游絲之颺颺而無依摹

錢湘靈稱 下孟 古之賢 言
予場中空心及第

古之賢士何獨不然

蕭人龍

賢士之心契乎王、反其詞而決其必然也、夫士而不然、則必非賢可知也、豈賢士而不與賢王同然乎、孟子始援古以相信耳、且自上前之風已開、則以一介之驕而欲委曲以上交乎人主者往往然矣、是故上之人負其位而無求于下亦之人亦不必負其能以自絕于上、求其分相懸而必如一者、有幾人乎、意此殆非古之賢上也、何則、古之賢士非必王之好善忘勢而後然、即令王終不好善忘勢而亦必然也、又非因王之好善忘勢而始然、即以王之好（呼〇緊字〇妙）善忘勢而愈不敢不然也、使有好善之王矣、士即不妨畢[illegible]以自

大

登隆中集　　四十

待是王之好善誠而士可不然使有忘勢之王矣士即不然折節
以自處是王之忘勢然而士可不然誠不然也將見曳裾侯門者
有士矣而能高尚其志者誰乎抵掌華屋者有士矣而能嚴正其
性者誰乎奔走承順以希榮者有士矣而能禮義自閑而超然下
縱横捭闔之中者誰乎抑知賢士非不然也雖士有士之才非王（損君行勢）
無以見其才相須固甚殷矣備念既切于安民不能不切于遇王
則或不如賢王然耳縱賢士之自命何如也而亦不然乎士有士
之學非上無以展其學相得自益彰矣備心既急于濟世不能不
急于趋時則或不如賢王然耳然賢士之自待何如也而竟不然

乎且士修不裕乎一身不足以動夢卜明揚之慕乎從態而過自隆也況賢王之好善既然而賢士何必不然抑士氣不盖乎一世不可以振明良喜氣之風蓋内重而外自輕也況賢王之忘勢已然而賢士何可不然古之賢士何獨不然

節弄入神一股灵秀可餐　原批

文之佳者莫如灵快之杌溢于其上炭則極其靈快後學當以此為利枝

古者民有　亡也　　辛未　葉藩

時之所失者大聖人非真以疾望天下也蓋疾亦何必如古所会人轉托之以與古人抗則其真亡矣是不益可傷歟嘗思性情無時會之殊而古人之所至不幸者往往不得見于後世斯亦有心者之難為深論也夫天下亦聲以不如古人為可恨耳乃有舍其所長倒其所短幾謂古人復出而此中之天亦卒有不可問者則安往其號如古人也蓋至是而論世之情索然矣今夫中正為生天之統理本期于昭質之無虧而陰陽多所性之偏世常藏於聲才之育異吾也亦乎今日何遽以此概天下哉畸士之資吾奚覩于

所謂以今日之畀論僑俗而猶意其忠信之有人則變見乎吳之
竟辭是立言正意
務為不再而必降而滋心術之憂得天之數各視其所因以今日
於俗尚風聲而至求諸性習之不遠則或者本原之地可徵尋而
頓挫得出古音瑯然
豈變而為古初之衰嗟乎吾之所以望今人者必欲躋諸古人大
美之數而後以為快至不得已而以疾求之則似淺論古人而待
涵、蓄、如、雲、
今人亦已薄也而古者之民何如乎性之原則惟一心之疾則有
三代而相見率然不必諱其名也而今者之疾則安在乎受病之
始同其有負慾之繼入于亡變而相加疊耿或且幾乎息也吾因
之有藏矣從來運會之遷矣則遞降而蝕疾則遞積而增憂世者

古者民有　亡也（論語）　葉藩

以有舊，剏幸也夫以蕩乎不作而終貽大雅之慼吾既有[illegible]
忍而孰知其更付銷沉乎造化柯心缺陷非分風氣而忍而為[illegible]
（憬○慨○有○餘○哀）
者直以人心之險而奪夫皇降之真蓋至不得胥乎疾之似尚[illegible]
亦為斯民完諸也則并羲以動旁觀之惜者此耳從來性靈之[illegible]
（純○是○望○人○偽○聽○間○語）
善則常欲其多疾則常欲其少觀時者且以褒古為悲也夫以[illegible]
淑自非而莫敵本甚之擬吾已翻其本情而詎意其更生瀆擾乎
升恆遞易遺憾方在來茲而效而更甚者乃以方寸之憂而浸蓋
風俗之共蓋至無以擬于疾之舊而疾亦為思古幽情也則誠蓋
（又找轉）
足分先民之誚者此耳然而吾終非敢薄今人者也使其能復乎

古之所爲疾而吾之望之抑又切矣夫疾豈足以限人哉而不然
則又何異夫

繚戾清深得味在行墨之外此種文即是廬陵正脉據疾吟諷
骨與俱清矣　吳雲嶺

聖人豈真以疾望人也乎提起一層說入所謂言愈下而思愈
悲也抑揚感喟絕無半神　般會詹

純是一團靈氣紅成雲衣霧縠飄然欲仙擬以趙后身輕尚嫌
覺俗相芙貌　紀曉嵐

可也（論語）　趙宣

可也　　　　　　趙宣

聖人於知自守者、而以微辭許焉、蓋世有驕諂者、則無驕諂者亦可也、聖人所為以微辭許乎、嘗謂處境而能自守者、常人之所難、而賢者之所易也。賢者易其所難、（隽妙）則聖人亦姑難其所易、一言之間、若褒之。若不盡褒之口、雖相許而心尚躊躇、夫固將引而進之、爾子于子貢無驕諂之問、而有懷也、以為貧者士之常、諂則其賤也、故士可貧（僧然可）而不可諂、（字）富者亦人之常、驕則其盈也、故士可富而不可驕、然而世之諂焉驕焉者何其多也、不知驕諂之不可而羣焉習之、即知驕諂之不可而忽焉諂之、士風之隨烏可長乎、然則所云無諂無驕者殆

矜敢忽也不以人之驕諂爲可而力焉矯之自以己之無驕諂爲可
而殺然持之自守之節亦可風乎凡人爲所能爲之事而在人更無
出吾下者則難以置許可之辭謂此固已畢畢不足數只誠如子言
無諂無驕者幸也猶有驕諂者出其下也是猶常人謝不敏者也凡
人爲所優爲之事而在我無可加于人者則亦終無可取之處蓋比
固已乎乎而無奇耳誠如子言無諂無驕者幸也尚視驕諂者而居
其上也然實加於人一等者也古者北門之士終窶且貧呼天而不
諂人風人亦且以爲北門之賢者矣是無諂者亦風人之所取也風
人之所可而我倘不以爲可則人不服曰奈何風雅之所收不爲吾

黨之所取乎則吾亦姑引風雅之例而存之古者世祿之[illegible]其資既自苟得免于驕矜先王亦且以為放心之既收矣是無驕者亦先王之所可、先王之所可而吾乃不以為可則人愈不服曰奈何盛世之所許不為叔季之所難乎則吾亦姑以叔季所難而與之要之俗情良為可鄙故操守之堅非甚難能而可貴吾亦欲、恕以全中人也第恐矯特成于所激將枸苦之意雖經磋磨而不釋吾能不刻以求賢者乎且有樂與好禮者在無驕諂者慎勿自足也

筆勢寬展殊無窘步擬貼題中語氣亦分刑悉合

可以無大　執禮　　應兆昌

寡過莫切于易、故其教不同于諸經也、夫無過之道惟易可以幾之、則豈猶詩書禮之易學乎、雅言之不並及也、有以夫、且六經皆寡過之書○而淺深不無異用○故其間有可以言傳○有不可以言傳者○其不可以言傳者○非秘之也○道之至精者○則以之淑身○而無失其可以言傳者○非易之也○義之衆著者○則以之訓世○而有功○故聖人學不一經○而諸經之理以修○亦教在諸經○而一經之理愈彰焉○子之不已于學易者何爲哉、（處處喝上一句）意者易番閑存之義○學之○而性情得理乎○（暗伏詩）則其功之切于性情者可言也、（吊上言字）意者易繫臨民之象○學之○而政事得優乎○（暗伏書）則其

效之通于政事者可言也意者易明嘉會之宜學之而節文得洽乎（暗伏礼）
則其蘊之見于節文者可言也乃于固皆有所不言而獨以為可以
無大過則何也誠見夫作易者言其憂勤之理既可置身于過之中
讀易者得其憂勤之理何不可置身于過之外作易者言其惕厲之
心既可無過而深其有過之防讀易者悟其惕厲之言豈不可有過
而反于無過之地（學易不可已絕一句）甚矣學易之不可已也由是治心而無過于心則（從無過串下詩）
和平之所著易之道即通于詩淑世而無過于世則修和之所及易（從無過串到書）
之道即通于書持身而無過于身則規矱之所形易之道即通于禮（從無過串到礼）
意夫子于此以學之于己者訓之于人將與及門之士朝而講貫焉

（反振起六字）
多而揆命焉謂所宜言者莫如易矣乃子所雅言則又有不必盡以
（是串講使與言宜言莫如易句應　此句是一篇主）
正性情則言詩而不言易豈以易之達天不若詩之入人聖以道政
（雁得妙）
事則言書而不言易豈以易之理微不若書之治明聖以謹節文則
（三个豈以與下不知云云照合）
言執禮而不言易豈以易之微而難測不若禮之顯而可循聖不知
陳柳戒而警其愆詩亦有知過之辭焉則寡過者宜與之學詩讀秦
誓而明其失書亦有悔過之文焉則改過者宜與之學書習內則而
別其嫌禮亦有遠過之方焉則省過者宜與之學禮是子言詩而野
（不言易二句虛憑微足）
所以言易也言書言禮無非所以言易也又何必更示其易乎詩書
執禮之外哉學者得雅言之意而深体之亦庶幾可以無大過矣乎
（正收無大過一句）

歷科小題卓編　上論

可以無大　執禮（上論）　應兆昌

何以必處從易埋伏詩礼書而一渡一挽俱從無過串詩書礼又從詩書礼之無過挽到易提處在題前故可從易字串插必動言字而不攔于混渡挽在題中貫穿衝要從無過串插易詩書礼方割得清究竟不脫易字而無過領先則不混上句矣

可以無

應

可者與之

友不盡可者也、與之其宜擇矣夫交之則必與之矣然豈可漫以與之乎可者與之斯爲子夏之論交耳門人述其言而賢豪雜遝許人所悲古之君子非不欲盡交天下之人群而當其始則寧落落焉蓋非得一日之交而即可以托生平抑盡識生平之素而後可論交于一日也、試言之交遊易洽恒致傷攀氣之孤然志切磋而漫與者眾未敢遽云淵倫之有助矣結納無人每興嘆同志之鮮然思琢磨而與爲訂交又未敢遽言引翼之無資矣蓋友必期于可者也可者與之子夏之訓交固有然者擇友以爲懋勤之藉所與者傾不得可與之人焉何以爲道義之交乎乃子夏則啟然戒之矣晦明風雨惟視乎英奇特達之士則佩文章而昭法式與之而德可進業可修也斯其所當矢盟契于終身者耳取友以為則倣之規所與者願不求夫可與之人焉何以為性命之助乎乃小子則久已志之矣樂群敬業惟期于高賢碩士之流則嚴憚切而效法深與之而善可遷過可革也斯其所當訂金蘭于今昔者耳世每有抗懷今古而欲廣求天下之英豪者不知廣以相與則泛博之情不專何如得一二可者而甘苦告語自發我以歌泣之情遵師說也切攻錯于他山身名之失吾知免耳世亦有矯語清高而欲謝人世之交與者不知渺無所與則賞析之學莫共何如擇一二可者而促膝談心自相深于性情之樂遵師訓也慕嚶鳴于伐木比匪之傷尤宜惕矣合之不可者拒小子

吾道

之開于子夏者盖如此

句〻擒定可者拍住與之一華不走文作亦秀美可愛

文情亦〻秀美可愛

可

可者與　又四一

今人非見孺子

非兕匪虎率彼曠野

吾道終窮顏淵句

[illegible]

可者與之　所聞

兩江尹制臺會課
鍾山書院一名　宗兆熊

論交嚴所與核所聞而見各異矣夫可則與不可則拒子夏之論
沾開[illegible]○縱○含○全○題○瀝○
交嚴矣張因門人而示所聞焉何異乎爾且學者聞所聞而來豈
○成○○氣○
必故薄師承而好為聚訟以牴牾於師若友之間顧函丈之耳提
持論或疑其過當而高明之借訟立說不必其從同則述其夙昔
之所聞而互參以賞前之所聞又安禁其意見之而不相侔耶子
夏與子張所業同也所師同也尊所聞行所知宜無乖同也而寧
○貞○打○啟
復有異之見者存乃鄙其論交而子夏之門人已先向子張而自
所聞矣流品之相乘也斷難盡所值而概從其類本虞公之心以

為區別而可者半不可者亦半蓋所見於大凡者如是也而談氣之相求也要難任所接而往無不合嚴耿介之操以爲締結而與者半拒者亦半繁所歸於子夏者則然也今夫得先生一說而紬

（宗中結撰精神愈旺）

可書膺可服觸他人之偶及而後憶前言或應幾嘗道同方而請益之深情與以不謀而自合欣聽我友一言而奇則質疑亦析因小子之所陳而忽聞岐論或未免離群各見而授業之微旨不妨相質而求安此門人以所聞於子夏者進而折衷于子張而子張因以其意中之所聞者先以示異于門人云尼山之鐸化無私矧其義爲斷僉豈令各持乎臆見而張原未嘗別有所聞也而一闢

綜上處前是懸來妙悟

可者與之〻言若唯恐門人之臨所聞而必欲為之廣所聞焉則不覺獨異其所聞耳泗水之心源可溯矧其道在求友何至故形其齟齬乃張亦知吾黨之無異聞也而一聞不可者拒之〻言若深處子夏之非所聞而并欲藉門人以廣所聞焉則不得不驚異

恰好掉轉可者二句

其所聞耳異乎吾所聞張豈以天下為盡可者而無讒不可者耶

指與物化

抑不必盡可者而不妨有不可者耶又或可乎可不可乎不可將毋溺于道過者之所為而相與於無相與耶噫異矣及竟乃說而可者與之不可者有不必拒之耳矣

前後跆然御風着紙飛舞中間憑空結構有聳翠凝霞之觀殷

手衔文有产有寔有走有留其妙難以一端竟　朱敬虔

可者　宗

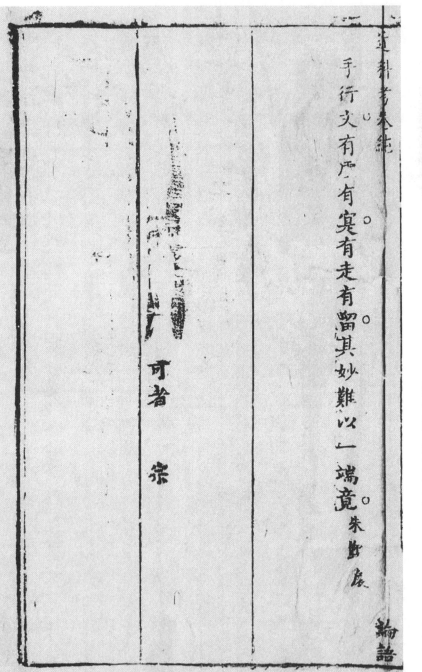

可者與之　姚黃甲

論交者不輕于與爲其所與者難矣夫必可者而後與則其爲與也僅矣子夏之論交蓋其慎哉門人述其言曰人之始固泛泛而適相值耳而其間獨有爲吾所許可者焉斯豈偶然之故哉其擇之也必不厭其詳而其取之也必不病于刻夫然後交道得焉今且爲二三子正告之最難忘者惟此出門同人之助吾固知二三子之必將有與也最可傷者惟此離羣索居之日吾不謂二三子之不當有所與也雖然與之誠是也而亦曾計其與之者爲何人乎文章與之共性命與之謀近而求諸吾黨之中何不足供吾

史宗師再覆興化府一名

之於擇者而不于可者將安歸且獨不念其所以與之者何意乎訪道者不憚夫百舍就正者何間于山川廣而求之鄉國以外寧無足當吾之師資者而不于可者將奚適是故以可者為斷而與之為多為寡弗問也蓋其審慎于未與之先者推尋其本末苛摘其瑕纇曰吾生平閱人多矣而始得此與之之一人也惟其可而何患于相賞之孤乎以可者為的而與之或先或後勿計也蓋其遲迴于將與之際者再欲去之再欲就之吾不知歷幾何時而後有此與之之一日也惟其可也而何恨夫相得之晚乎在可者覘吾生之落落所不輕以許人者而忽焉以之為知已當不無生平

常山寶貴符

如己之感謂我獨何人而獨得此于與之者乎然亦特幸其為
者耳一在與者積乎日之慇懃所不泯為相及者而一朝有所專注
自不至有無故合離之憂顧彼彼何人斯而乃若是其與之也乎夫
彼特幸而為吾所可耳寧于可者而失之不願于與者而失之也
寧終身于一無所與不敢一日而妄有所可也不可者則拒之矣
與與拒之間可不嚴哉

于是破綻寔在下句妙于做本句處作矜慎不苟有許多引繩
批根意下文不煩敲擊而躍然言下矣足踹東流水目送西飛
鳧似此文境　原評

可使足民如其禮樂

江蘇省學院科入
崑山縣學一名　徐慶堂

以足民自信者便有懷於禮樂焉夫足民於三年後求國自信其
可使矣繼此而言禮樂除弗念及之而皇然乎且自古民生厚者
上下聲成一片
民氣淳故羣卓之效於焉成即陶淑之方於焉始也蓋室家不裕
端賴拊循積貯已豐宜思化與此時之經濟與勝任無難愉快而
蕩志未免躊躇耳一未竊計教於三年之後矣三年中淳養引信未
將下聲息細緻俱雅
乘洋水之斥步藝甫田之纓方慮箕十下北安可收也三年
中勸人謀人未識風強于膠庠第尸士鼓于磁原惟願胥杼粟陳
庠植國家之廩求於此……信者五行百產之儲宜豈不

宣蓄一自開源節流以濟御列屋慶倉箱協衆魚之夢
者可無與星暑之嗟一聽民氣力之以時耗亦時贏茲當生財未用
之日史鞠畫大有民不沈小康賡南風之解阜者可無帳東人之
杼軸以公足民寔可決矣吾想其時烹葵剝棗春酒滑介壽之觴
分社齊民祈而擊御御之鼓似不得謂上物見愛無與心藏然而
既酌公堂非是見卒滋豐豆豳吹息蜡曾何嘗雅管風琴又容滑
謂厚生惟和即為正德今夫節民惟禮和民惟樂求更於凡民後
懸而隱之黜而籍之蓋使當斯民未足之先欲遷期型仁讓將
提襟而談儀節動作胥是蹈踏之形揚旋而肆雅風謳吟悉發怨

可使足民 二句 戊戌 楊椿

以足民自任者還計及夫禮樂焉夫足民未易使也而任諸三年之後則禮樂其可斯須去乎哉求也復計及此矣若曰求嘗以遊（先從下）三代之世而見夫比閭族黨間彬彬可觀雍雍足樂也竊竊倚（截此入）（此後倒扣首句）之民幸焉退而思之而知陶之淑之真有餘之景象也然而養民（此句精卓）之道其事粗而化民之方其事精矣如五六十六七十為之而及（此節輕便）三年庶幾地小則俗易成而時久則民易心乎而未敢與也夫孝（以訣筆作纖筆流轉）友睦婣斯民固有之良也而貧民則有不暇井里桑麻生人衣（應接）（此下如叢花映竹）食之源也而撫民則在所當剛然然。之性未復也而先有以惠農

足民二字妙言實際
可使百室盈而婦子寧也民之心正也而先以商何使萬
貨流而金粟平也民之行未興也而先工可使餘技集而
治鏄宏也一起視斯民足矣乎足矣留斯世也田野之間如原紙
而仰事俯育既可以無憂閭閻之內納稔納稭而朋酒羔羊復古
第下自然
以自樂一觀治者豈不以為有禮樂之風乎而求也亦竊念之矣一古
補得要
先王慮民之不知節也而禮以制正其本于寢勿之地而俗
立論正大語與雅
于冠婚喪祭之時皆固納民于軌物之中也而其意甚精一古
慮民之不知和也而樂以作寓其理于聲容之始而極其用于作
止動靜之間皆固感民于幽鬱之餘也而其青淵雅薰從來民

可虞而民足更可慮如其見民之已免于飢寒也而更使之觀禮焉如其恐民之或即于慆淫也而更使之觀樂焉則月吉之懸詔之以飲射讀法不可謂非足民後之一事也四時之術習之羽籥詩書不可謂非足民後之一事也而求也何如哉富教亦嘗商榷而禮樂未遑有愧修明並人各有能有不能若此樂之興罔不若足民之可使也亦俟之君子焉已矣

（鍊、靑、妙）（玉○丹○隹○句）（丹○桃○上○一○筆）

詞朝華而啓夕秀藻思綺合清麗芊眠前輩錢紹文作格律准佳才情應遜

可使足　楊

可使治其賦也　以振魯意發得可使之實（上論）　王　錫

可使治其賦也　以振魯意發得可使之实　王錫

魯有用武之才，宜明之用才之人矣。夫魯之不武甚矣，有用武之人不能用，猶為知乎路者哉。夫子意曰：夫國家之用人也，誠不必大深而（深治要）但斯奇瘠於其治，既以積弱之餘，時一雄武之臣以振之，此尤其君卿之所禱祠而求也。蓋唯不用乎才者，不知其才之有可用，故以英雄之士觀面失之，而猶別議其為心矣。亦唯漫用乎才者，不知其才之有獨（扶仁宇合發用意）用，故以將帥之選，衆人用之，而猶深求其所安矣。若由計所以使之其惟治試乎賦者兵也，而其先為農，繼農而兵，必有不習之慎，不習無形，不習而懼無兵氣。得由衆要以為治，應使令立而法明，所謂表教民（治六千中）從誓教民信，坐教民息，而刺教民勇者，可以觀之於其始（出旬老）。賦者農也而

其作用二意塊出子路京行可以見欽有實核

實出念嘶

其動為兵反兵而農必有不馴之擾不馴無農情不馴而擾無農分滑
同無材以為治庶使制周而義定所謂時還公朝卒還公伍車還公甸
而甲還公丝弁可以觀之于其終况師以律而臧而升堂之音我大樂
觀于其進使丈人之任一旦屬之則其和士志而宮應搽戰勝而商應
有必然者也况軍以刑而肅而折獄由智內風有乎其長使三軍之師
一朝聽之則其上用命而賞明斯夫守而罰明有必然者也象之賦風
稱盛公車千乘公徒三萬有明徵矣獨憾我狄荊舒之懲無人以致而
君臣百年之虛願竟莫睹毫髮之酬且魯之賦漫稱衰矣伐我齊國書
師師伐我有明徵矣愈憾曷間比隣之竟集人以主而祖宗累世之
紹久其食賢才之利何幸有一用武之由而竟未[illegible]用也子尚知由所
可無疑句父才當年而慕方叔于攘邊也

可使治其賦也

馬世俊

得果者以治賦則禦侮有人矣蓋國家非無兵之患而無賦之患也由也為之豈不優于治哉今夫當無事之日而論心則衞道等之士御敵而戰勝在於吾民當有事之日而責效則選才等之于選兵而折衝歸於長子如由嘗以千乘自命而吾于此權所使矣先王分疆畫井而計其家以出車乘井蒐車而計其人以出賦治農隱此治兵亦職此我魯處衰弱之餘而度支告匱自丘甲作而農有難供之兵自優賦增而因有難供之賦剝其所供者半供徵發於大邦半供瓜牙於私室則源盡而流亦竭之道也我魯係禮義之國而周武非宜

既作三軍而兵之數不得不增漫舍三車而兵之費益不得不增蓋
其所增者在下而三鄉共分在上而三耦不備則實亡而名亦去之
道也一雖然獨不得其人以治之耳授鉞而命之有勇知方晉由後令
而農矣可為兵矣就此閭族黨之相救而使之進退使之坐作使之
六○數○撥○于○日○前
孳制治昔日之農即以治今日之兵彼侵我西鄙侵我北鄙者爾將
帥之名而勅疆吏無生事惟由也可臨閫而誓之師旅饑饉得由前
驅而兵仍可為農矣就父兄子弟之相先而將使歸朝卒使歸伍乘
此○喜○移○于○將○來
使歸甸治今日之農即以治他日之賦彼返我侵地歸我侵田者考
井牧之籍而信制勝在廟堂惟由也可由之剛果自奮固勇于治氣

哉而所治者尤特法而不特氣觀其宰蕭三善則尊卑上下之分處（言下有讀都氣象）
之劃如而田不可併兵不可私則獄亦不可區在昔桓莊之朝一紀（篤得舜容）
壬午大閱一紀甲午治兵蒐幾科武之盛乎何不進而觀貝胄朱（具體）
綅之可脩也由之明決自斷國長于治獄哉而所治者人在我而不
在獄猶其折獄片言則強詞公私之形當前立剖而丁不可匿戶不
可蔽則賦亦不可虛近者若宋之先或書大蒐昌間或書大蒐比蒲
不虞軍政之衰乎何不任由而使擇中就水之淪喪也于大夫尚有
意乎勿曰有先人之敝賦在而以使由為可緩也
顯是治賦不是々兵如此文方句々是賦　王惟寡

本朝考衡書帶雅集　論語

試字切魯治字亦于路議論波瀾前後相照通體相稱

可使治　焉

可謂遠也已矣

新城縣學 孔傳京
風本學一名

不蔽于近即明之遠也蓋蔽于近則不遠矣有如是譖愬之不行猶不得謂明之遠哉昔子張問學者之患莫患夫事之難者輙視為淺近不足罔也夫視為不足圖則吾力之所及必有忽畧而不周之獘是其求多于物者正淇有餘于物者也吾故于譖愬之不行者而弄思之明則明矣而從乎此外更有以益之而有不能益者也抑明識明矣而欲于此中實有以盡之而有不能盡者也故謂之明而即可謂之遠也吾見才識之士于古今事變其隱而莫或知者不難揣摩以窮其情非不謂所見之遠也而目前之物態反為所欺之豈一介

之寥廓不能勝目前之物態哉彼身處事外此則處于事中故壁分耳然則于此而不為所遮焉其旁矚無礙何如也抑見為曠之儒于海宇情形其繼而莫哉測者不難臆度以察其幾非不謂所覺之遠也而當境之下幾反為所惑夫豈海宇之情形顧不如當境之亦援哉彼超然遊于虛此則有係而滯于欲紛遁藏殊非然則于此乎不為所蔽焉其知周萬物何如也是知欲求遠者無欲求諸荒渺之域矣其邇而能洞照者即其遠而莫禦者也夫智慮偶有不至則物得乘間而入之吾之無間可乘則其無不至也可知乃或謂內是而可推暨焉猶屬有待之說乎抑知欲遠及者亦第問諸當前之故矣

是一行大意

可謂遠也已矣　孔傳京

其遠而能精別者即其近而無遺者也夫神明一有未徹則遠以蔽防而失之吾不必過為防則其無不徹也又可知乃或謂取此而加稍許焉猶未當于尋繹之旨乎夫人不明之病往往以人情之變詐或試之而我不受則謂此何能為于是以為心處之而不知此即為所蔽之皆矣故體驗之深者無輕忘而不驚乎遠者物無遁形也遠即明之至文最何解又能針對幾遠者痛下鍼砭原評以為是清題理而得也

可與立　二句　　方苞

聖人慎言權，雖能立者不輕與也。蓋未至于能權，則所立之道猶未至也，而要豈可輕與哉！且聖人貴天下以經，而必極于權，非謂不易（並莊子）之理至是而可以變通，謂不易之理必如是而後得其歸宿也。（非非漢儒反經之說，朱子權即經之要妙處意）而可與立者，吾於此又恍然矣，所據矣。夫天下雖能立者，可與言權，為其本得而不至于岐趨也；（原非立與權界限清楚）而能立者，仍未可與言權，恐其誤用而反失其故轍也。有一定之方而後可立，而權則無方也。惜形畢肖，而其用不可以通彼此互達，而其趨未嘗不合。吾得所歸，何所恃以守乎有已然之迹而後可立，而權則無迹也。欲躡從之，而其進也無所依，離而

然之而當其時亦無所鑒苟竊其緒豈可追而致乎理勢之窮而權
不得已意
專焉苟終于彼而不為非則第至于此而猶未為是也此為行其所
道理亡而更有一度量鏡
安所彼行之而更有其可安非接而坐待乎心者吾知必毫釐失之
紛爲綫而不及
至精微之盡而權得焉其分不可知而常以意制之又非可以意度
摘立字
而實有其分也得之者不待告告非其人雖言而在著即信道篤而
爲未可與分寸
自知明者吾猶將徘徊俟之至自古非常之原黎民所懼而聖人處
之不當日用飲食之安人以為聖人為天下而違其權聖人以為
合道處果四經也　處三不勝上句
吾身而盡其經彼為咫尺之義而終以者步步就能決焉堯舜三代之
時器度節詳大小本說孫富
執古世所師而當其作始塞而託是非與正之累遂其後天下羣蠢

為經之正而幾忽聖人始用其權之難彼規前古之迹而就之者其孰能通焉夫立者知經而有可以權之具者也地必相近而後可不

未字、正、有、望、焉、非、絕、之、也

可之形立惟能立而後知權之難亦惟知權之難而後可以權望之

又一層為無足憚者設然而收在可與立結

也彼世欲自託于權者多矣抑知可與立者而猶難之如此哉

入細窮蹊其鏤刻已用全力赴而聲色不動氣度淵然 原批

皇甫湜稱退之之文粟密窮眇章妥句適精能之至鬼入神出時文中足當此數語者其吾靈學乎 錫禧識

理勢之窮見權本非可常行精微之盡乃亦未可易識也語類有云非見道理之精密透徹純熟者不足以語權此須有精義之功

而欲維義以方外又不欲其權量精審是偏乎曰涵養本原此心虛明純一此須務有主敬之功而能敬以直內積而生時于心非主敬不及雖格窮萬而未及精義則未可以權許之也後儒見權之蓋仍即是經以究得所歸宿意收又仍望之可與立者若自託于權并未能立所謂未學行先學走未有不流于小人之歸者未字于可與立者固不敢許正非截斷義理口氣俱耐點勘

可與立　方

可與適道　四句　　數文　余鵠起雲巢

爲適道者溯所學當由立以馴至夫權矣夫學以達權爲至。然
由適道而漸驗之必先求其立而後可以權也可與未可與之間
適道者爲知所進境哉且立不易方者君子之恒以一德也巽以
行權者君子之隨時處中也學豈不貴與道大適哉顧必先有聖
定之守而後可以語化裁如第云望道而趨而聚示以吾道申不
易之體變易之方恐未能深信耳一如由共學而適道將卓然自立
者立此道也守經達權者權此道也道之難行也久矣而乃有可
與適道者於此謂遂可與之言立與之言權乎是又不然一人必具

很上圓光

擇善固執之功知任道之量有不可游移無亡者而後萬事萬物不得挾其勢以相搖人必有神明變化之才知載道之器有不可拘執鮮通者而後知剛知柔不至反乎經而自誤是則由適道而立而權孰非學中所有事哉今第可與適道也縱知所向往若非不求進之甚銳而前途尚渺尤有信道不篤之虞況異端曲學之爭鳴則中立難半途末路之易懈則獨立亦難如是而與之立也未可也然即可與立也雖無所變遷者亦見歟德之不回而時措咸宜貴胥精義入神之用況適莫信果之多偏則知權難意必固我之多蔽則用權尤難如是而與之權也未可也安固不搖之謂

可與適道　四句（論語）　余鵲起（雲巢）

立則有為必則有守徒事奮迅者無當焉君子自好學爲志以來仁則兼萬善而無遺勇則貞百年而可久其强立不反者正所以守其道於無窮罔不知幾經刻苦而能有此一立也夫豈始入道者遂能貞夫一哉變動無方之謂權則無定仍歸有定稍涉拘牵者弗與焉君子自揆時度勢而後進退不失其正動靜不失其時其執中有權者正所以善其立於可通更不知幾經閱歷而乃悟此一權也夫豈僅自立者所可勉而幾哉蓋學以權爲至學者識自強不息以馴至於化而裁推而行焉則幾矣

切實發揮具見精蘊　原評

左右手　焦袁熹

僅觀其手之用未見其揖之異也夫手之左也右也凡為擯者皆然（留下文地）也而子果何以異于人哉想使擯之命方承而聖心之謹凜固已形于色而無失色之處形于足而無失足之蹩矣至于揖而其所謂無失容者又可知也然揖則必有揖于手而手之為揖用也聖人亦不能與人異旁觀者正于其不甚異人者而徐察之（挽合）如手之所與立者蓋有左人焉而所揖之人在左則所揖之手不將向夫左聖天有右人焉而所揖之人在右則所揖之手不將向夫右聖君方欲致款洽（照周禮主人）（此聖人與大）于嘉賓右揖已左傳諸子矣（使擯出請事後右）子安得不傳之于左而人皆左子亦左

同者妙欲裁兩中虛論者廣對其用筆之妙

顧左則手之左也而手則身之手也手誠左矣何以左之左之而無

賓命上介擯命介次右

背乎主即則試觀手之左其手實方欲爾情慷乎主語左顧已右違

諸乎矣乎寧得不違之乎右而人皆右乎亦右顧右則手之右也而

以少寄手義求字　嚴稜知却縮入勝命

手則與之手也手誠右矣何以右之右之而無背乎賓即眡更觀手

之右其手應左而左手亦不知其左也應右而右手亦不知其右也

采上從無少拳妙

斷時為夫子者本自忘其手之左右而左觀夫子者不能忘其為手

之左右也即左者手而不困手俱左者可攬也即右者手而不困手

從右者可攬也斯時左右其手者無自盡其為纘之夫子而見其左

將筆下益覺之即滑

右者則實其為夫子以為攬也謂夫子無心乎其際即何其左也一

似有所以左之者耶何其右也一似有所以右之者耶吾知人以無心出之而左右一隨乎人者（便不得穡如矣）子正以無心應之而左右一因乎己也（原非插入下意仍是題虛步）謂夫子有心于其際耶將毋檢之于左矣而右有所不及檢耶將毋飭之于右矣而左有所不及飭耶吾知人以有心待之而左右之紛紜益甚者予豈以有心運之而左右之變動皆宜也（原非寫性發形都從此處見得）一縱一左一右之間非予獨然而人不然然左然右之頃豈予所能而人亦能哉吾（中有襜如）見衣前後襜如也是則予之所以異也

靈石者曰錫曰秀靈水口山頭者曰生曰動兼之以畫聖人左右傳命于兩手領取全身亦于錫秀生動得之

布帛長短同

淝海集　陳國昌

首舉布帛而論、若祇以長短概之也、夫布與帛固至不同者也

從許子之道第以長短概之者、布帛固若是同乎、嘗思王制之

立禁也、精粗不中數、廣狹不中量、不粥於市、後世之稚別布帛

者、道固然也、夫精粗何定、必拘於其數則已誣、廣狹何常、必限

於其量則又執、欲考厥廣狹、置其精粗、使其量可均、其數可畧

而較短絜長、可立大同之準者、則莫若許子之道、夫許子衣褐

冠素、何取布帛為哉、然其道可首揭也、其法制本神農、貴躬耕

並資蠶績繅諸室、不必修其文華、貴諸朝、不必矜其淫巧、為布

為帛、固可以一概定之者、夫何必別山龍藻火之文、其樹埶宗

后稷重農事並課女工爾可本休誇纂組之榮華條可分無事
婦官之染采為布為帛固可以一體視之者夫何必別朱綠元
黄之色何也布帛之同許子唯以長短同之而已後世以奢華
相尚織文來自濟兖每嫌大布之無華織縞貴自淮徐每謂大
帛為無色定以長短而華樸可無虞偏尚矣夫頑民雖甚蠢愚
稽其文或未易區分考其數亦何難剖別乎等而同之長者從
長而盈縮可以立判短者從短而尋尺可卜無私推斯道也為
華衮既無可禁為襏襫亦無可恥人心之情偽多端章布固可
自安修外觀者或制與黼黻衣帛差堪被體誇妝采者或色耀
元纁較以長短而量度可無慮莫明矣夫人情雖甚巧詐區其
類或足濟其奸別其量何所施其偽乎畫而同之寸有所長原

不得涸以為短尺有所短固不妨掩其從長遵斯道也文繡不能相耀即寬博亦可相入矣然而謂勢位之殊難以區別非也夫元聖著西周之續詩美繡裳儒宗重東魯之稱禮書縫掖從不聞有以衣錦為榮韋布為恥者無他道有以同之也操尺寸以為衡不必於布帛過論低昂已無不各循其量矣夫然而謂上下之職原為各異亦非也夫盆手紀以三繅婦人亦勤副褘揄衣書以九即女紅亦切縫裳從不聞有以深宮為貴田野為賤者無他道有以同之也執丈數以為規不必於布帛顯判精粗已無不各憑其數償之相若不已見許子之道至善哉

布帛長短　八句　揚華集　顧　淵

析舉市賈之同不相若而適自若矣夫布帛諸物賈果可以同乎哉乃長短輕重多寡大小同文節同其賈非不相若而適相若歟且天下人與物等耳人可以無不同即物亦可以無不同而所以貿易是物者均可以無不同惟舉其所必不同者析其倫而還以其無不可同者一其類斯大同之術昭然於通功易事之間何以見許子市賈之不貳哉兩大陰陽之產日出其精華而紛紛者造物何嘗獻低昂之迹以啟人爭一自好醜妍媸始諸人心之炫耀而囂陵遂頓起於市屢生人智巧之靈日廣其財用而役役者群生幾各操軒輊之方以權物曲一自量衡律度準以皇古之章

程。而貴賤達均平於商賈。蓋天下物亦大抵從乎同耳。同而以不同矯之。實所由貳也。嘗攷上古為市之初。渾渾噩噩。不貴異物賤用物。草衣卉服。未有文章。飲血茹毛。未登飲食。物崇其樸。概無不同。洎乎經緯開而人工錯。同此章身之具也。而有布與帛。同此纂組之需也。而有麻縷絲絮。同此饔飧之給也。而有五穀。同此利用之資也。而屨亦紛然雜出其間。嗚呼。物產之不同。洵造化之不平而亟宜有以挽之也。許子曰。我有道以為之同焉。則惟長短是較也。輕重是較也。多寡 小是較也。數相同則賈相若。形相同則賈相若。簡而不煩。止畧觀夫大概。渾而無辨。爰如分以相償。其不可同者許子原不謬為同也。其無不同者許子早已統於同也。挾其茫無別白之情。而至長短輕重之俱淆。多寡小大之悉混。則是以不同者而强為同此念何以服天下。夫貨財之懸於市者雖衆而概之以長短輕重多寡大小之數斯亦足以盡其變而窮其態矣但使分寸毫釐無可詭增而議減則一物可以例萬物之準任當世之留奇鬻異咸納於維均之式而百貨無可操其奇贏持其姦為匿分之見而刻求之長短輕重之餘細密多寡大小之外則是以同者而猶為不同此術何以靖人心夫美利之陳於市者雖繁而核之以長短輕重多寡大小之衡斯亦足以參其伍而錯其綜矣但令銖兩贏縮業已合轍而同歸則萬物亦止此一物之推任編氓之懋遷化居胥衷於畫一之程而群材並不倒其位置蓋大同之化徧及市井甚非後世作僞者比也許子之道如此

平旦之氣　　吳士玉

驗心者必于氣平旦時可觀矣蓋莫靜于平旦之時則莫清于平旦（〇本〇根〇時〇清〇氣〇）

之氣（上旨）于此觀日夜之所息乎自心與氣交相關久矣論氣而不本

（〇章〇翻〇入〇歛〇會〇[illegible]〇峰〇來〇閑〇[illegible]〇[illegible]〇[illegible]〇[illegible]〇[illegible]〇[illegible]〇[illegible]〇[illegible]〇[illegible]〇[illegible]〇[illegible]〇[illegible]〇[illegible]〇）

乎心則無主論心而不求之氣則無助氣之帥無心而行者本無關（〇有〇力〇處〇……〇承〇上〇啟〇）

于須臾要可驗之于俄頃則平旦之氣是也夫氣存平旦蓋日方始（〇好〇翻〇出〇平〇旦〇二字〇）

而夜方終矣思平旦之前所謂嚮晦而休者為時有幾然亦幸藏焉息

焉以漸至于平旦矣過此以往氣得長為平旦然思平旦之後所為

明而動者曷其有極然衛幸寡然蕩然方來辭乎平旦矣終夜所積

氣不落乎平旦故其在天也平旦亦氣然也小變矣歲月者係旦之

積而爲今古成焉試之乎今日以迄皇古其間之自得者不渾然知
識之不專乎以是爲氣之方淳也太初一平旦也則大冒平旦于日
穢之中亦猶也蒙之初啟而已矣其在人也平旦爲終日之肇端夫
自今者只暮之頃也而老少變焉試問乎壯歲以適孩提其依依可
念者不既然情僞之未起乎以是爲氣之方穆也生初一平旦也則
夫觀乎旦于月夜之間庶幾亦子之初懷而已矣雖有緣焉其時猶
未感也雖有覺焉其時猶未動也物交不引而吾氣之虛明如過諸
人登而靜之始一將孜孜于善焉其時正未分也將孜孜于利焉其時
正未兆也翦慮俱寂而吾氣之寧節暫安于雞鳴而無之先聖賢之心

批虛明寧靜又刪出二層聖賢常知此無者在得所養而已

此虛明之氣而不必以平旦見何則彼當肆應之際此氣之虛明者

仍錫虡類而

常不殊乎平旦也而平旦之氣具有所不足言今則甚幸有此平旦

耳匪平旦而氣將奚自以見功一呼吸即此寧靜之氣而皆當作平旦

汪批先儒所以教人觀未發時氣象

觀何則第使未發之時此氣之寧靜者無往而非平旦也而平旦之

氣且至于不可勝用今則獨賴有此平旦耳即平旦而氣亦孤而無

所恃夫我生以來平旦不知凡幾更矣吾且不能必終身之平旦其

收讀

氣常如一日況少待而已非平旦歟然而幸當平旦吾氣之所息固

大可驗也是吾心所以滋萌蘖也

御子從歲月日時推出元會運世又從平旦二字推出太初生初

本朝房行書歸雅集　孟子　平旦之

識得古人意思。故能凌高厲空也。朱子恐人誤認夜氣不足以存句。謂是夜氣之不存。不知是夜氣不足以存仁義之良心。故謂真存其亡。皆以心言之。初不以爲氣之存亡也。寔則清明之氣與虛靜之心自相表裏。故語類謂若從平旦起時。便接續操存而不放。即此氣常生而不已。是心能生氣。又謂氣之養心。如水之養魚。水多則魚鮮。氣少則仁義之心亦微。是氣還以養心也。其答許順之。以克己復禮懲忿窒慾。令此氣常清。則仁義之心常存。今人遂謂不必求之氣。大悞也。但心是主爾。後二股是熟精儒先義理。故言之洞徹。

切問

崇文　陳　雲本名榕

繼學與志以言問、有必貴乎切者焉。夫問以辨惑、且以明人所學也。惟求其切而向之、所為博與篤者、乃益有歸耳。且夫人汲汲焉以與人酬酢於其間、則其志雖欲析疑辨難、以求吾學中精進之功、而志大者心不小、學博者守不約、斯亦約矣、游移解據乎。若乃言皆有物而聽非無稽、則一時諮詢及之者、固不外乎其志之所疑、與其學之所向也已。知學既博而志既篤矣、不繼之以問、庸有益乎。學中之甘苦、一已自知之、不與外人道也。然進一境即生一境之疑、多一解即增一解之惑、則問焉以祛其疑惑、吾儒所以貴

而師友之事且所志之趨向方寸自盟之非必異人往也然獨立
不懼何如不纓交而同氣相求孤陋寡識何如德不孤而同聲相
應則問焉以孚其聲氣吾道所以資切磋之益是則問固不容
原評翻騰有情[illegible]得之實融
已也且夫問亦自有辨尊士傳言風雅兼究心于章句之中則問
焉以涉獵乎詩書非必問焉以講求心性也如是以為問而所
學已病其浮且有玩物喪志之懼時士好求高遠又或冥心於隱
僻之途則問焉以新其耳目非必問焉以寀于簡易也如是以為
問而所志已無定人向且有異端曲學之憂以是言之問固不容不
切乎天壤間名物象數之煩村事未嘗問亦何事可泛問也夫凡

原評切字詮得絕妙

事必有隱隱與吾身相維繫者而若者可以聽吾之聰若者可以寡吾之過斯名物象數雖迹也而皆可通以補焉由是舉吾學之所已至者問之以深其信即吾學之所未至者問之以闢其途而志之專一不移者更因問以益堅其向往斯一啟口而樸愚之益也哉古今來名聖賢人之盛何事可以不問亦何事可以遽問也夫前人必有事事與吾心相感召者而若者可以法其全量之純若者可以得其一長之益斯名聖賢人雖遠也而皆可接以心焉由是吾學之是非互見者問之以力去其非吾學之得失交呈者問之以防閑其失而志之他途易惑者更問之以一決其從違

斯其望道而切誕登之念也哉然而未已也思之不近心外矣
心于何存即仁于何有哉

通篇雙承博學篤志詮發便與審問題各別用筆蹤邁豪放處
處改觀可謂童試中之傑出者　原評

切問　陳

以知十賜也聞一　宋遵路

知十由聞一以推、因還即聞一以自按焉、夫以知十、非回之明慮未見其由于聞一也、彼賜之聞一、其可與回概論耶、故還而自揣之耳、儒者從事于學問之途、有知所未知、必有聞所未聞、豈盡乎已之所知、無異于人之所聞哉、乃明慮所照、知幾既有以要終而提命所垂、聞道又在于伊始、衡量之餘、覺推人以盡知者、還當即共聞者以自審焉、賜之不敢望回、可徵諸回之聞一矣、夫聞亦人所同耳、回之所聞、夫固同堂共聞之、亦即與賜共聞之者也、回聞其一、夫固同堂共聞其一、亦即與賜共聞其一者也、又何必于回

朗若列眉

伏筆靈緊

而別白之哉然回之聞若有異乎人之聞回之聞一若有異乎人之聞一也蓋以知十云、（筆意端暢往復神流）今夫事莫不有其終知而至於十事之終者也理莫不有其極知而至于十理之極者也以回純粹之資益之以操持之力聞雖約而自能推其藴以擴其餘聞雖簡而自能窮其源以竟其委回之聞猶夫人之聞也而回之知已深矣（疏以帶氣以妙以莊有不盡之餘意言外闡）回之聞一猶夫人之聞一也而回之知十獨遠矣其知十也由于聞一也回豈有異於人之所聞哉使回有異乎人之所聞則所謂知至至之知終終之亦不必推詣為獨能矣所謂神以知來知以藏往又不容讓回為獨至矣乃回之知十（抱理節節以畢一筆旋繞皆自然）若猶是聞一也回也一知十又若非止聞一也賜甚幸聞十不囿于一者之已有回也賜又奚渊之不泥于一者之不僅有回也賜也能不即聞一以自審歟夫賜之聞同于回之聞乎抑不同于回之聞乎未可知也而要之聞之出于一者無不同也聞之出于一者無不同賜之聞其可知回之（明即玲瓏机神百）聞一（往）例以視耶賜之聞一其得與回之聞一同日而語耶蓋賜之聞惟成為賜之聞而已賜之聞一惟成為賜之聞一而已何也賜蓋僅知乎二也夫豈能如回之知十哉賜固不敢望回矣而亦安敢為愈乎

操縱自如神妙莫測小試勝場也

以佚君子 能之（下論） 陳 昌

以佚君子 能之 陳昌

禮樂非可易言而賢皆不敢自任焉夫求與赤固皆禮樂之事也然
猶不敢以自任則禮樂亦安可易言哉嘗謂禮樂之治必得人而後
盛者亦同非君子也即不足以能之也然以斌文爾雅之士亦有遺
蓋不違之思則十人而見禮樂之難全亦謙於己而歛禮樂之非
易至也一夜求為非藝而多才者乎既有多能則千乘之民而亦宜
亦無乎不足而物於禮樂而退然自阻者何哉豈欲謙禮以治民身
非不知之也然而嫺其儀者膺其任必謂要生之餘節可以
德也豈固君子之所專而不敢居也樂以和民心非不慕之也然

習其數者受其責。而必謂遂生之餘。即可繼以後起也。此固君子之

能事而不敢當也。以俟君子。求不自以為能矣。求不自以有

十能者也。其下以自由能以撫治民。我能以樂化俗。我能以禮

治民以樂化俗。底于綏中和之域也。識若是不亦彬彬盛能

禮樂之君子哉。之邊然遂也。亦以禮明樂備之。什原君子所[illegible]

為故即所謂有素者。而亦不欲自居于無愧。故有臨軒而命者。亦以

斂自謝矣。而敢冒昧以承之乎。抑以禮陶樂淑之風。正君子一介

於斯須不去者。而亦不敢自信為已臻。該有來帛而招者。亦以

不敢稍居矣。而敢宴游以處之乎。非曰能之。亦果不能乎。亦不敢求也。

佚君子之事是知淑身淑世禮樂難所以酬知者特以百年後無難爲
事也此求與亦所以遜謝不遑也夫
托筆尉之下筆隨方合節機神一片而清姿逸韻使人讀之心醉
神怡

以佚道使　二句　　乙卯　金鑑

勞民而忘上之勞以佚心為佚道也夫民雖好佚惡勞而以佚道使之則猶之不勞也為上者其亦以不怨之勞〻民哉且用民力必責古誥之義夫使居民之上不知恤民之力而惟所欲為誠非仁人所忍出然或姑息乎民以與民相宴安以且釀為大勞而不可止則甚惜其有愛民之心而所挾持者非也（挾○勝、行○力）吾得正告天下之勞民者曰有佚道焉擊鼙鼓以促之而猶思避其名以相誘似近（重○瑣○佚○道○處○動○欲○觸○）於舞智之數而不知精神之運直欲永冀於百介則當直揭其隱衷而不得泥於司徒司空之迹一立公旬以召之而猶將反其寔以

自明似降於紛飾之術而不知幹止之圖不離觀成于一旦則當
切指其夫用而可以定爲地職地事之經特患使民者不以之耳
以之而怨於何有急而致嗟于將父忽而致慨于憚人彼民也豈
不知上下之分乎以為上既勞我以政而又勞我以心是一事而
兩受其勞也夫以勞為勞何如以佚為勞大由大役總此休養之
恩相深於家人父子而率籲衆感者詎不翻然變也盛世有勞民
品字神理洽透
無怨民運其機於微發之間者神矣忽而奮興於經始忽而慷慨
於簡書彼民也豈不知宴安之樂乎以為上雖勞我以形而實佚
我以神是陽勞而陰愛其逸也夫弭怨於不勞孰與弭怨於勞出

令申命諄比究諄之沈文孚於心腹腎腸而期於司里者誰不躍
然起也聖王轉勞為佚寓佚于勞達其權於渙號之中者微矣且
順民之事易逆民之事難平日之欣酺飲蜡宴息其民固足以消
變勞之萌而及于疲民則將一變矣然而百日之佚一日之勞乃（曲折變化）
其自然之理而使民若斟酌而出之則信于已往之佚者既有恩（微妙語耐人尋味）
可感而信於將來之佚者更有意可通也不然而東山之歌西土
之詩何以胥用命哉且樂成之時易圖始之時難後日之咨嗟稱
歎慰勞其民固足以培太和之氣而當其使民則尚未能矣然而（對法全乎妙拱）
偶爾之勞永久之佚自有決擇之方而使民若鄭重以行之則欣

喜於事後之佚者特為苦後之甘而欣喜於意中之佚者已忘甘中之苦也不然而澤門之謳原田之誦不堪為明鑒哉吾願天下勞民者慎所以使也

佚勞詞義鏤金錯采前人亦述備矣獨以靈矯刻鑄出之華華鮮新摔如芙蓉始出令人愛玩不置　王介眉

趣騰變化而不流於標幽析奧行而不入於僻拔一品最推九仙圃李鄰侯真異人也　吳曉嵐

以佚道使民　二句　　施　燧

道足以佚民則不妨於勞矣蓋勞與佚適相反而所以使者實佚道也寧慮其怨耶且夫小民之力所甚靳也上之人苟漠然不加之意則民情槩可知矣然謂民亦勞止汔可小休而一切務為苟且之計以弭其怨心則雖不勞一民而事不脩舉政多闕遺此亦衰世之因循而非太平之盛治其究也怨之者與勞之者等吾甚

折入道字　轉出勞怨相因故作頓折以工於取勢

惜其無道以處此也然則為上者使民之令出則民勞勞民之事興則民怨為之奈何大抵有所惡而不能去則怨生勞者民之所惡也是以諭諭然騰口於下也有所好而未獲遂則怨與佚者勞

國朝文選　下孟　雍正癸卯　松筠堂

又一頓

之反而民所好也是以睊睊焉胥讒於野也然則為之柰何吾食
人之租衣人之稅端居高拱則佚甚矣其忍有以勞吾民然而念

從佚轉出勞從勞轉出佚旋折如環恰好過出道字

則欲其佚計不得不出於勞所貴有反而使之之術焉民奉上之
令趨上之事竭蹶不遑則勞甚矣敢復冀上之佚哉然而事則出

此理勢所當為

於勞計則曲謀其佚是蓋有隱而用之之方焉必也以佚道乎上
以準諸天時下以揆諸地力中以驗諸人情道在當使則固吾民
拮据之日矣命遒人而徇焉咨保介以勸焉今茲竭宵旦以經營

醒出佚道

者正其他日同婦子而享之者也倡之於前以作其始責之於下
以勉其繼董之於後以成其終道在必使則非吾民偷安之時矣

取其勤苦而歌詠焉取其痌瘝而軫恤焉凡茲疲手足於朝夕間者正其謀康飽於百年者也故當其時即歲晚務閒上未嘗迫之

陳批播入乘屋之詩翻出如許曲

折

以勞事而民自不敢佚而不知其隱之為上之所使也

不落六字

第見沐君王之膏澤而瓜苴可食蠶績可衣且得以朋酒羔羊躋公堂而慶無疆之祝抑其時作息嬉遊民自忘其勞苦而不知常為君之所使則常為君之所佚也是雖舍隴畝之服耕而役以司空從以春（戍城役）（工）

國

捐民且樂於赴功趨事詠子來以須臺沼之靈而亦何怨之與有

不怨意自透

吾故願使民者之衷諸佚道無以勞民者致怨并無以不勞民者貽怨也

應前

他手做過佚道使民半篇徐轉下句意浮而文勢散矣一起眞有建瓴之勢後幅歲晚務閑一折并雖字都能貼出工力深熟意都寫得警拔　陳師洛

黄貞父謂心主於佚事實不得不出於勞則勞正所以成其佚是乃所謂道也不怨即易傳說以使民民忘其勞意愜情當理屈曲而達　王學舒

體軒軒其欲舉思乙乙其若抽腕有勁力胸有書味　劉禮輿

以追蠡　　楊飛熊

時人之言樂者言其迹也夫以迹論則追蠡可據也即以文王之聲爲不遠于禹也亦宜若同先王之迹遠矣其可見者尚存于樂而樂亦有其跡之可見者是故後之人得有所據以尚論其孰優而孰劣（使切）（況論自然）事不同見耳斷而聽之其有無可乎知音之言禹與文王之樂者非以其音而言之乃以其器而言之也以音言之則知音之難也久矣（啓筆）即自謂考之已審而人猶疑爲聽之不聰則于古人之所作尚不敢有定論于其間也而以器言之則其器之敝也昭然矣人或習而忘其故而我一見而得其情則于先王之所創遂不妨有獨斷于其際

也爲以追蠡歟也今夫人情于物之精者則用之者多用之者多則敝之者早所以天下至好之物往往勢不能長存人以爲造物之難知而不知其出于人情愛慕之過甚而應以毀之也此禹之聲也人情于物之粗者則用之者少用之者少則敝之者遲所以天下尋常之物往往勢獨能久存人以爲秉質之甚堅而不知其出于人情愛慕之不屬而遠以全之也此文王之聲也故吾于禹之聲未嘗叩其音而知其盡美也見其鍾組欲絕焉者曰吾得之矣其盡善者在此矣于文王之聲亦未得叩其音而知其未盡善也見其鍾組如新焉者曰吾得之矣其未盡善者在此矣蓋其精焉者存而其質焉亡使

（旁批：求發有情緩）

（旁批：氣姿態）

（旁批：前留對此二段照出之意）

（文側下）人流連嘆慕而恐其一旦見絶也以視夫塊然而存者知其美之易盡耳抑其寄焉者雖微而其意可思使人形容彷彿而想其當年其庇也以視夫儼然而完者反覺後起者之不新矣是故同一聖人之遺爲而無不可以四代之意見爲之獨斷以後世之久遠爲之定論者以此故也（結以字）夫子其謂之何

摹寫聲口逼肖　原批

本非知音强作解事物理頗諳論樂無功固哉高子情狀具是矣

以粟易械器者不為厲陶冶

蘭藻集　汪士鐸

且許子以滕君為厲民而吾疑許子之厲民久矣許子不厲民許子必常守其粟許子不厲民許子必無以炊其粟種其粟而安所得粟乃人不以厲民疑許子許子亦不以厲民自疑則不為厲民者許子先為之倒矣知釜甑與鐵皆械器也而許子顧以粟易之抑知此固陶冶之所作乎五行之用土能養人乃陶取於火冶取於金無不藉托業以贍其家室而以貿以劑凡市之貨賄人民牛馬珍異皆得遂以有易無之法而兩得其平六府之需穀資長養而陶以爨木冶以起土悉得即技藝以謀其業而為楛為良凡市絘布總布質布罰布罔不本廛成奠賈之經而各遂其欲至

於以槩易之似爲厲陶冶矣顧天下厲陶冶者有四徒取而不相易也相易而不持平也以無用相易而不以槩也以槩相易而非所願也蓋自末俗暴征假宮市之名而官吏肆其漁奪託應奉之例而胥吏逞其誅求家斤魯削之業有礙攙而不安者已此其厲陶冶者一也而自世情澆薄下上其手而畸輕畸重之弊生高下在心而此紲彼嬴之計就量度濡制之間有詭道之百出者矣此其厲陶冶者二也且也玉杯象箸非不侈靡而不適執藝之用奇技淫巧非不炫俗而無益工作之家强以易之不救陶冶之飢也其厲三也以太倉紅朽之餘而十匠九柯亦且秕糠以相視棄公量四升之舊而朝市夕市即同閉糴之居奇詐以易之恐非陶冶所願也其厲四也至於以槩易之則不然使許子僅守其槩陶冶

以粟易械器者不為厲陶冶　汪士鐸

僅守其器則其事相妨乍乎樂得其器陶冶樂得其粟則其功相
濟乃許子齎粟而來而釜甑不足以為重陶冶以器相畀而擔石
未嘗以為輕是許子非陶冶將懸為一瓢不失箕山之高士陶冶
非許子將腹無半飽恐為翳桑之餓人也而何厲之有也而凡天
下之不為厲者似此矣許子之不足者器陶冶之不足者粟則其
病相同許子之粟視其器陶冶之器視其粟則其值相等乃許子
非薄於陶冶而僅與以升斗之需陶冶非厚於許子而甑贈以耒
耨之用是許子得以利用著陶冶之功陶冶得以粒食實許子之
功也ㄦ何厲之云也而凡天下之不為厲者視此矣然則陶冶顧
厲許子哉

以粟易械器者　四句（孟子）　房蘭若

以粟易械器者　四句　房蘭若

知相易者之不相厲而可人窮厲民之說矣蓋相亦不得已而曰粟易而不謂與厲民正相左也孟子始即陶冶農夫詰之若以自許子為厲民之說而天下之民之不相厲者罕矣乃子復有以粟易之說則天下之人之不相易者抑又罕矣雖然由許子之說則相厲者必（須於平易乎）其不相為易也由子之說則相易者豈必其相為厲也何以知其必相為易也（慎厲則法相易）今夫農夫所業者粟耳然而耕必以鐵也爨必以釜甑也農夫有粟不必其有械器今夫陶冶所業者械器耳然而終歲而為鐵也終歲而為釜甑也家有械器不必其有粟今夫農夫不必有械

器而又不獲兼為械器將爨而耕乎厥而種乎不能也度又不能徒乎而力于野也乎是乎以粟易械器今夫陶冶不必有粟而又不獲兼為暇以得粟將舍而鐵乎棄而釜甑乎不能也度又不能梏腹而謀于肆也乎是乎亦以其械器易粟蓋自相易之道行而農有餘粟陶冶有餘械器浸假而農有餘械器陶冶有餘粟浸假而農有餘械器者器力于農陶冶有餘粟者蓋精于陶冶將相易者之轉相濟也

（器○甚○不○相○爲○意）

爨不外是陶冶不外是推而織布織冠者不外是推而易布易冠者

（思○脫○似○緣○句○斟○刈○句）

亦不外是而又何至于相爲也哉今夫農夫春夏作苦秋冬成易既

（先○安○初○器○備○之○歷○農○夫）

得粟矣若然其困舍而欲致彼械器也則爲備陶冶今衣陶冶孰其

以粟易械器者　四句（孟子）　房蘭若

土無工其鑄器既利械器矣苟吝其陶鑄而欲以是得粟也則為厲
農夫今夫農夫以粟易械器是以終年之勤勤供耰鋤也由是而農
免霑體之勞陶冶無艱鮮之虞也不為厲陶冶今夫陶冶亦以其械
語妙全見
器易粟是以終身之紙孀助饔飧也由是而陶冶得優優糊其口農
京括勢如風雨
亦優優而餘其力也豈為厲農夫哉蓋自不相厲之說行而凡得械
器者視農也得粟者視陶冶來也雖有上農不必兼陶冶雖有國工
不必兼農末也有百于農者知其不厲陶冶有百于陶冶者亦知
其不厲農則不相厲之契于相易也吾以為然子以為然歸而謀之
師許子諒以為然進而遊于古神農氏諒亦以為然子奈何誣滕君

本朝房行書歸雅集

四句本一氣側注。忽截易械器易。粟與。厲陶冶厲農夫為對。乃字字醒露語氣。分明公。此一奇。使人耳眩目。亂。又不失自然行文。豈有依樣葫蘆也。

以粟易

房

以釜　　小題約選　魯慶元

釜爲爨粟之具爲異端先計所以焉夫物之可以爨粟者不獨一釜而釜則謀食者所必需也故孟子爲許子先計之且昔神農以火德王興范金之制以濟國用而斲木揉木專重農功說者謂木未可以爲釜也迨黃帝氏合符於釜山采銅鑄鼎而外命甯封造釜以利民而釜之爲用於以始恐妨耕而不自織許子既明於謀食矣獨是謀食有其具而要必有所以酉畤其有事矣黍稻者奪之胡可爲也有童子餉焉於以盛之維筐及筥秉蕭其待鑪矣肉食矣謀之又何間焉其鄉人言曰于以湘之維錡及釜是則釜之不能不以也審矣且夫所以豈獨在釜哉凡人

也朝而饔

夕而飧專以釜焉無以為備即無以利用矣斯豈亦當設歟然
而釜亦何可不以豈況人之為黍也求諸倉取諸不以釜焉無
以爲食即無以厚生矣夫豈曰釜可懸歟豆四則為區區四則為
釜。豈可以糴穀之盈虛而粟種者辨之已。早則溯圜規之有鬶當
亦戶極中於離義形擬承天人食四釜為上人食二釜為下釜可
以卜年之豐歉而粟種者知之獨詳則考鍾鬲之垂名何至占伏
餗於鼎爻貧嫌棄地念與粟之情釜與庾特分其數以許子種粟
自詡既準庾以為實徵豈有釜而轉虛設也能左之能右之縱不
必矜破釜之勇而已足安負釜之常繹坤象之義釜與布並列其
名以許子衣褐有需既必資布以被身諒亦藉釜以餬口也饘於
是粥於是固有時廣溉釜之詩而豈其與焦釜之嘆大凡君之於

民也歛不從漁將釜十則鍾有徒知自養者矣今許子厲民相責朽蠹是傷殆因登於釜者有適公量是刻於繩人也而何得不轉繩許子之以釜抑凡兄之於弟也情不相投則豆在釜中有相煎太急者矣今吾子率弟皆來同根共樂非若泣於釜者獨切覺思是悅夫許子也而安有不並悅許子之以釜慕高賢之潔己藏咏釜魚兹則彈鋏歸來而捆屨織席之生涯定爰之取飴沃釜稽神禹之治河曾傳覆釜兹則受廛聚處而鼓腹含哺之志願祇應漏釜爲虞嗟乎異學滋騰己慨雷鳴於瓦釜耕夫粒食能無薪燀於釜爨如曰爨不以釜也豈炊黍蒸藜無資器械與吾知生塵者又不獨在甑矣

以順為正　二句　　吳華孫

明以順為正之道、非所論於大丈夫、大丈夫矣、夫妾婦之道、以順為正耳、儀衍一妾婦之道也、而大丈夫乎哉、且夫論人者必窺其操持之隱、而功業于是而定、人品亦即于是而定、以予所稱稱之者若彼、而自吾窺其趨向、定其品詣、則固與吾予所稱者正相反也、女子之嫁而命以無違、何哉、蓋言順也、順也者妾婦之道也、其以為正固宜、夫君子生三代以下、必命為三代以上之才、彼夫禹臯同朝、不忘吁咈、周召合相、必致箴規、其卓卓自命者何如哉、肯甘心於承順而已哉、此固有志者所為觀法、而即可以爲人品之大操也、而儀衍何如者、且二

（參○刺○合○隨）（根○劣○四○射○古○湯○生）（逡）

于亦何常之有無論其功施較著照人耳目即其立秦之朝爭舌波折吞生通

而下世貴愈甚辯亦若不專于議論者而以吾微窺之則目之以順為正而不能辯

今與之時何時哉列國爭雄王章板蕩儀衍輩不能毅然自守以泰

究終而居依蔡權夫蹈道居於唐虞之隆躋民於仁壽之域乃日東

由諸葛言字為然以順為正約根本

結齊南誑楚轉關燕趙韓魏之閒疲民鋒鏑而恐而帶恤也幾棄典

反合陝仁義禮三件

章而恣而弗恩也朝言而夕背之甘置其身於不信不義而恬然不

恥也彼其意以為不如是則無以順主之欲無以順主之欲則吾之

高爵厚祿不可以長保無虞是故隱忍阿諛外借秦之薄以震諸侯

陽案

內即藉諸侯之脈以固其寵故曰以順為正也夫人臣心存秦寵則

亦何為而不可何欲而不得而特是清夜自問何以為心正人詒質何施而日外無以質大廷內并無以質寤寐嗚呼此固妾婦之道也而大丈夫如是耶夫以今之世求如禹皋周召者固不可得而降以相擬亦必其相近者而後可也乃以妾婦之流加之大丈夫之號不亦輕與人而羞天下士耶是亦未舉大丈夫者而正告之也

警對　閃風鋒當旋轉得神　針擊

一縱一橫奇宕自喜得燕蔡書起伏頓挫自然入古

以國策之奇肆而運司馬子長之風神此為善摹古者

以順為正者妾婦之道也

雍正庚戌　栢　謙　蘊高

道有主乎順者非大人之事也蓋妾婦而不順則不正矣順為妾婦之道而儀衍柰何踈之對景春曰子以儀衍為丈夫乎夫其人固大丈夫也然而其實非大丈夫也不問其所持以遑世者何具而推崇過當乃無陷妾婦之術中而不覺耶不聞禮之命女者有敬戒無違之訓乎是道也何道也曰順道也夫男位外而女位內則無成有終不求多激憤之外夫主唱而婦主隨則同心雞鳴即是稱伉儷之宜無他如是則順不如是則不順如是則正不如是則不正是道也何道也曰妾婦之道也猶是人而屈人之下欲進則趨

趣欲之求嘯囁恥之其焉然不恥者妾婦耳伺人之喜而與爲喜
醒一首
伺人之怒而與爲怒而復不引爲中冓之恥者道固然也苟非巾
持ㄟ暴○諫○無○禍○
幗之儔則未聞有是辱矣猶是人而受人之制加諸膝惟命隊諸
淵惟命所之人焉所不辱者妾婦耳負則失所庇而即危安則得
蔽○曰帝○身ㄟ
所依而後安而倫不引爲宮壼之辱者道應爾也苟在衣冠之列
行ㄟ人ㄟ宰ㄟ
則未聞有是者矣而今試問儀衍之道何道也曰順道也即妾婦
衍ㄟ張衍妾婦合縱於閒歌○聲○
之道也一以其道爲散縱解約之術而叩關何殊鑽穴之窺一用其道
妾
爲爭嬌固寵之資而抵掌同于彼婦之謁聘則爲妻奔則爲妾儀
嬌ㄟ求○則○歎○與○懷○新○十○意○淚○肯○作○悲○二○友○怒○末○
衍之詭遇妾婦之自獻也抱衾裯以宵征敢效甯須于牀且一娶妻

必先買妾則卜儀衍之相魏妾婦之改卜也執巾櫛以旁侍依望

以上兩比具縱儀衍說利妾婦比身將儀衍妾婦之至

敢體下司應遣與我之口即長舌之為厲階也妾婦而知儀衍尚

謀更買東艱

謀棄于家家司晨之剩貪錦繡之華見金夫而不有躬也儀衍而

以上二比將諸身與儀衍對

為妾婦并雜語于十年不字之貞綦楚朝秦儀衍既守其順道而

形妙極不服妾婦雋絕

人盡可夫長跽請教諸侯亦若因其能順而婦言是聽然則儀衍

誠妾婦而已矣丈夫云乎哉

題本是摹擬已極嬉笑怒罵之文矣文之摹擬乃更刻酷吁文

卜之筆端如是其可畏也後半兩兩相形串說更說無不刺骨

驚心股法圓轉更有彈丸脫手之妙　周用齋

辯巖色厲。字挾風霜。如見汲長孺面折公孫弘。謝憲南

太史公作酷吏傳。字字深文。與儒林傳迥別。處處不嫌刻酷也。

千將出匣。筆鋒怕人。李範蓮

字字鑽心。言言刻骨。而都佐以卷軸。故巧不傷雅。入後將儀衍

與奔婦兩兩相形。花團錦簇。尤令人目不暇給。江鑰昭

以順為　烜

以順爲正者　二句

江南鄉宗師錄遺　常熟縣貢監四名　瞿觀光

等遊士於妾婦以其惟知有順也夫天下未有妾婦而不出於順者則亦未有順而不等於妾婦者儀衍特順而已矣何丈夫之足云孟子謂古來直諫所以匡君逢迎易以誤國士君子出而事主要未有不逆以行之者也若乃是非任之當守可否聽之一人至問其繩愆者何如糾繆者又何如而竟無有也其人之不足齒也蓋已久矣無違夫子母之命女也有然職司中饋則饔飧之外俱為越俎何可蹈牝雞之誚一身任女紅則杼柚之餘均為分外何可忘陰雨之文無云者順之謂也婦之道宜柔而雅柔故順也憂與為憂樂與為樂雍

反對順字

順字義的當

雍然將順之風盈於閨闥婦之道宜卑而惟卑於順也不敢以意為喜亦不敢以意為怒戚戚然和順之美溢於帷房其所以必出於順者誠以順則正不順即非正也婦道固然其何足怪而吾以觀於衍其所為承意旨而邀君寵者衣冠之侶儼同巾幗之流而吾以觀於儀其所為迎色笑而伺君心者纓簪之子一如巾幗之儔順其君之怒以為怒而曲意擬承儀衍之苦衷與妾婦之苦志何分彼此順其君之安以為安而多方窺伺儀衍之勞心與妾婦之勞力寧有異同意妾婦而順正也非妾婦而亦順非正也妾婦而非順是妾婦而丈夫也非正也非妾婦而亦順是丈夫而妾婦也非正也為妾婦而失

妾婦之道不足為一家之型為丈夫而類妾婦之道詎足為天下之（反起下居天下）望乎哉（三句）

題本不重妾婦之道只重貶抑儀衍之不得為大丈夫意在言中亦在言外篇中覷定斯旨隨手拈出已覺逸趣橫生

弟幽敘

以萬乘之國　是也　　吳連

齊君之托天意非周王之因民悅也蓋天心易托民悅難邀齊宣周
遂提武王載顯齊
武可同日道哉昔戰國時燕不幸而兩遭大變也子之非舜非禹而
借舜禹陪起便來齊其突
借禪受之說以取燕齊宣非武而又欲借征誅之事以取燕大都駕
借勢而下波為奇滔
不可知之天命以愚其民而民情罔弗鬧矣知不攄民情猥云天意
即以下直截翻上補全精小大詞商武王有根據
則以萬乘伐萬乘且猶勝於武之以臣伐君況五旬之間雲中失守
即位之初甲子之後不旋於此矣而武之克商千八百國皆勸進非若
上是帶點此是借點
伏下悅字意
齊宣之藉口於天也於時東都士女罔不見休非若齊宣之妄于乎
大民多館妙在拖定武王
天意也豈自度德何如武兵何如武而謬欲以己之取燕如武之取
驗浮上字而落下截

增補程題金丹　萬曆丙午　四七起　甲子

殷哉且無論後日者取而復叛燕之大呂無恙故鼎無恙名公之盈
局陣大是縱橫
食無恙即五句未舉之先果能積功累仁如周也者而燕民翹首以
冊帶字上截
望師否即五句方舉之時果能捐苛布德如周也者而燕民崩角以
並紹驚鴻游龍真乃點睛神手
挑帶天字
輸悅否燕人其然則是燕民悅也燕民悅而天意可知不取不為殃
古宕
取之不為私數百年來而武王行之齊亦再行之於休哉其猶有收
野之風乎第恐君相授首天棄燕也假手于齊未必便以祐齊城門
泣血手語只一筆
不聞民獸燕也釋怨於齊未必真以奉齊宣蓋于以武王諷也頗乃
題後人得此波恰與起處啼筆相犯
窮窮然援天以議取則當燕暗之世一戰下齊七十餘城而莒即墨之
植租於汶皇亦果天命之向燕乎哉則齊之易于舉燕偶也倖也來

知人心安知天意此向考武王所不容也　首尾双收

奔流滔滔一瀉千里　張賓王

以我馭題粲然名論　王叔士

凡逆提題尾倒入者須要根株牢固此文過截武王預于上截穿出文中武王預于小講生出小講武王却又從舜禹陪出恰又有揖讓征誅兩大論可擴以此得生根牢固以下節節挽此說去遂成作者自己議論不是硬起下截不然無致生發武王則何以不兼起文王乎　黃際飛

於起講中即提出武王不惟膽決過人必爾則天意民心相綰發

論始不似連下文王二段在內也前輩胆央正從謹于繩墨中來

何屺瞻

齊宣妄挽天心武王惟憑民悅彼此對峙立論而錯綜變化以出之用筆奇恣古宕中識論更自雄偉非俗下彼此牽扯字眼而筆力卑弱全無意義可比李惠時

以萬乘之　舉之

沈文宗科試寧德縣學一等一名　林荷香

於難勝者而勝之，齊王若有幸心焉。夫齊與燕同為萬乘之國也，伐之豈易易哉。乃五旬而舉之，宣王能無自幸乎。今夫敵國之勝負，時與勢盡之矣。是故有難當之勢，而即無速成之功，莫善戰者不能強焉。不謂興師動衆，共驚大敵當前，而振旅言還，不待逾時奏凱。以事勢之難，而得成功之速，夫豈意中事乎。今寡人之勝燕也，取與勿取，或之論紛紛矣。然其所以游移而無定見者，亦未嘗審其勢，即其時而一按之耳。夫燕之為國，豈易伐而舉之哉。想其地方千里，其封疆之廣，大國儼然，與渤海青齊同稱巨國。抑其出

桃草

連千乘其用兵之堅利亦依然與臨淄即墨並表雄風以齊若此
以燕若彼蓋均為萬乘之國也於此而欲伐而樂之並謀臣如雨
猛將如雲吾恐勞師襲遠非所宜也且以燕之大修其城廓率其
人民固守以待之齊師將不歛而自退矣豈能久居此乎即不然
師諸侯之衆共圍而攻之亦必避之又久待其倉廩空虛士卒死
傷如積進無可戰退無可守或庶幾可登其城入其國也然則以
萬乘之齊伐萬乘之燕其欲一舉而成也難矣乃今日之伐燕則
有大不然者當夫師出有次非不慮勤數之難齎不謂前途倒戈
竟失其人民之衆迨夫師近同門亦深慮堅城之莫下不謂功成

不同且無待久遠之勢五伯而舉此即大小强弱相懸者且未有
必也務況以萬乘之國伐萬乘之國哉以勢若彼以時若此以力
不棄勝此也豈非天哉豈非天哉

以萬　林

江南高宗師科考　陳萇　中式
吳江一等五名

以萬乘之　於此

自多其所以伐國者若有倖於人力之外焉夫王亦特以人力伐燕耳乃曰萬乘曰五旬而非人力乎君子謂齊王有倖心矣告孟子曰異哉寡人今日之得至於此也天下有所為而為之事君子弗貴故即有自恃其力者而或阻於勢則無可如何或艱於時則無可如何寡人今日之舉自人觀之蓋以為幾經戮力而後至此念取與不取何或者之紛即蓋不取之說彼以為人事之偶然亦偶然若不可倖代而舉之是以力服人也即取之說亦以為人功之必然耳必然者不可棄代而舉之不可以力讓人也而

將上三句翻○入下句

不如二者皆非也夫使力可以伐之則必以大凌小以強加弱如晉之入曹衛楚之侵陳蔡焉而後至於此使力可以伐之則必兵連禍結曠日持久如文之啓陽樊雍之釋宋圍焉而後至於此且使力可以伐之則必攻大者需歲月之久侮亾者有振槁之易如秦之侵鄭千里而達虎牢吳之伐荆五戰而入鄢郢而後至於此

擬○句○生○勢○至○六○落○入○首○二○句○反○寄○入力守

而今果何如哉寡人嘗總兩國之力而計之則萬乘相敵也以萬乘伐以萬衆應力均矣而況疲弊之衆老我師於疆原坐守之便待轉戰於異域斯時雖有人謀無如何也又總一時之力而計之

至○此○落○五○句○[illegible]○寄○入力守

則五句甚晢也以五句戰以五句守力均矣而況跋涉險阻不能

久留而决勝衰長山洞可以堅坐而待援斯時雖有人功亦無可

二比句備題

如何也乃以伐若彼以舉若此所謂人力是耶非耶僅言萬乘而

反覆八題

非五旬而舉則猶曰人力也乃摧堅陷鋭之功同於兼弱攻昧伐

萬乘人能之以五旬伐萬乘人能之乎僅言五旬而舉伐萬乘之

國則猶曰人力也乃成功奏凱之奇可以計月而待五旬而舉人

原評通休全注此句又周

為之萬乘而五旬舉亦人為之乎竊恐人力不至於此矣昔者楚

兩證反擊下妥

子入鄭而肉袒牽羊卒服而舍之何者彼特以人力競耳在昔桓

公伐楚而包茅王祭之責而歸之何者彼終以人力征耳若寡人

之兵出有名功成不世諒亦天下所共震也意者天實不遐於燕

而假乎於我寡人乎

以末句驅駕上三句。括弄故實。為全題生發。深得騁控張歙之訣。與膠黏浮言者逈殊矣。許傳一

以鐵耕乎　　　　後雅集　吳之彥

耕有必用之器、六□□終舉□□為夫耕之有鐵猶爨之有
甑也孟子并語□□夫豈□知其必以乎且自神農氏斲木為
耜□以木為耒耕之器昉矣衡五行有交濟之宜不專為□三農
無事硬之器亦利用金故耒及舉趾先期于耜則夫□方勤
而鐵何時其亦不能舍此而他求也耶吾問許子□僅
爨之釜甑哉夫以范金而為釜也灑之亦有事於烹凝者□為
甑也隨之何容以不觀此固熟食有需烝浮不廢然抑□私食
之所自起執爨之所由來未有不藉於耕者也耕之所以不有
鐵乎耕必資夫地利而肥磽分其以鐵也則肥磽亦論矣故出

頑詳五土之性躬耕必有先甄周官重九穀之[illegible]田非無利
器其所以不誠足重乎苟前聖所制謂可胥捐將[illegible]原猶[illegible]古
以鋤雲下隰依然胡以犁雨蓋[illegible]所必以合肥磽無異致
也許子其別有創制與耕必待[illegible]人从而勤惰分其以鐵也則
勤惰勿問矣故主伯亞旅芟作不僅勞錢鎛之庤婦子哈以饁餉
風何以快田畯之心其所以不大有在乎[illegible]民[illegible]需概以慰
置將出作入息幾同懸耜之嗟吐陌南[illegible]之擾蓋以
鐵而後可耕固統勤惰有同揆也許子其増[illegible]制與先王制
器尚象取諸益者利其耕而鐵為其最未有鐵以前而耕之具
不備既有鐵以後而耕之法益精則亦如大道[illegible]遞傳遞衍而
莫能外者也許子亦需體達足之倫其所以易其田疇者正難

己於切究後世取精用宏從夫革者歟[illegible]鐵而耕有所資無鐵而耕身雖勞而田不治有鐵而耕用力少而成功多則[illegible]於正學之可信可從而不容棄者也許子亦耰鋤鏺䥶之[illegible]所以勤厥疆畝者可并致其推求夫横經負耒古人[illegible]亦有力耕之時而火耨水耕天下原無廢鐵之日許子而耕者[illegible]以鐵[illegible]

且一人之身　　　　　　　　貫珠集　范　均

舉一身以論人若不妨渾言之也蓋既為是人即同具此身合人人小人而渾言之何妨且即一人之身以論乎且人之所以同為人者以莫不各具一身也顧自其分而論之則人不一人即身不一身而自其合而論之則人止一人即身止一身蓋無窮者此身而有限者一人之身則不必即人與身分言之而姑即一人之身合言之而已可以發凡而起例不然治天下而不可耕且為則是事固有大人小人之別也事既有大人小人之別則是大人自有大人之身小人亦自有小人之身也而何必渾言之曰一人渾言之曰一人之身哉不知分雖異乎尊卑而

既統而言之則固大人猶是人小人亦猶是人而不必過為區別勢雖殊乎貴賤而既概而目之則固大人不外一身小人亦不外一身而不妨示以渾同則且不論大人自有所以為大人小人自有所以為小人而姑與言人則且不論大人自有大人之身小人更有小人之身而姑與言人之身則且不論大人有大人之身而不得混為小人之身小人有小人之身而不得混為大人之身而姑與言一人之身且夫一人而必有一身則無盡者此身此身而僅屬一人則有窮者一人出庶物之上而重言之曰一人之身則耳目之常處於視聽者此身四肢之常著於動作者此身覆載其寬而以一身卓立其間真若有莫可限量之勢則不可輕視者此身念生齒之繁而偏而舉之曰一人

之身則五官之僅見於一身者此一人百體之獨著於一身者此一人宇宙甚大而以一身偏處其際更若有孑然孤立之形則不可盡恃者一人之身其人為天壤間不可無之一人則以一人兼眾人而有餘豈以一人成一身而不足然而翹馬一身其人不可量子馬一身其人正有窮也而何不問其人為何如人也其人為千百世不易得之一人則人人且有藉乎一人也一人反不得有藉乎一身然而可恃者人之有身則其身可以統庶類不可恃者一人之身則其身又何能獨立也而何不問其身為何如身也若百工之事而猶欲自為之恐一身有所不能兼顧矣可乎哉

且知方也

丙辰　陳兆崙

有餘於勇之中者，而民始可用矣。夫民不知方，其勇不可得而用也。由之為之，必以此終始進於好勇矣。乎意以謀人家國，而不以人心為本，則其外雖有鄰國之勢，其中正多不測之虞，至委以干敵而天下事始去矣。故算必要於終始而動必出於萬全，夫亦尋之有早也。為之三年，而使民有勇，由可以為知已報矣。（意乎且字）何也？（呢郝將贊）以有勇之民，固非僅有勇已也。民有可賈之勇而無可市之心，萬不之敵，或用之此而致敗，或用之彼而致勝，其所以馭之者不同耳。民有什伯於人之力，即有億萬於衆之心，獷猂之俗，其氣銳而善閑其志輕而易濫則所以策之者無術也而由之使民無患此則且有與勇偕而具者焉赳桓可見而畏敬不可見非見微知著無以洞達其表裏也惟是三年中寬與嚴兼濟而又均辛苦以生其感激則每一簡閱而忠憤鬱勃於容吾得於蒐苗獮狩之流示而觀其明於義利之鄉則且有為勇增其重者焉強武可據而意氣不可摧非馴致熟習無以徐節其所嚮也惟是三年中德與刑並用而又重寵威以立其標準則偶有徼倖而實惱不以自恃吾得於止齊步伐之不愆而決其慎於上下之辨兼合二者以參觀而方之知也信矣夫變雖秉於不偕而衆志成城必不肯變易乎[illegible]

意者且字要採一層

且知方也（論語）　陳兆崙

克知斷意者犯難忘勞進可以戰退亦可以守也夫同袍同澤者
縱○關○一○切○才○見○生○門○無○所○
代亦能要結其民而駟驖車鄰終不及貳心之戒由是以讀秦風
而嘆其閫內之乏人習俗誠難於向道而肺腑可示又誰不類集
乎其中知斯意者安制矜節可以將兵亦可以將將也夫相先相
死當世尚能和協其民而軌里連鄉終不入衆正之域由是以觀
○管○用○營○異○崇○比○紀○齊○
寬政而恨其霸圖之巴雜浴馬知窓天下非無義士河魚有疾人
君難情腹心增其美釋其回則由之善養其勇也有知我者可以
推轂而起矣即或七月無糧誓不下守陴之哭不幸四郊有壘焉
且聞倉葛之呼能發之餘淑之則由之取先天下也令終無知我

者其脱劍而從吾子老乎

識滑題分本是與上句若斷若續實地得而虛字自然流出聖

門經濟仲氏胸襟都在裏許王罕皆先手

且字語脉清也字神情出孫吳兵法到此一變移砕其華力精

悍則固別有天授非人力也　殷會奎

且許子何不為陶冶　縣考南海一名　黎文輝

即陶冶以詰楚人、若甚異其不為厲、夫許子宜無所不為者、乃陶冶且不能兼為孟子所為進詰之哉、若曰自許子創為並耕之說。吾意許子之為許子。宜無所不為矣。蓋既以無所不為者律人。必先以無所不為者律己。苟在人則求其無所不為而在己則固已有所不為。持論者。即其言而觀其行。則祇此技藝之莫執亦且私相剌謬已。不然。粟易械器。固不為厲陶冶。械器易粟亦、為厲農夫。則許子既為[illegible]矣。許子何必更為陶冶哉。然以摟譎並耕之說。則且不得不深求於許子。則其不能不備責於許子。許子為農。許子遂謂人皆當為農。在許子、或日覺所為無憾也。而孰知許子既當為陶冶亦當為農也。許子為農許子固識人不為農在許子自覺所為已多也。而孰知許子既能為農許亦宜為陶冶也。蓋許子之必資於陶冶猶人之必資於農也。還律以並耕之言。則合土范金。宜皆躬親之處。而許子何得不為陶許子何得不為冶。抑許子資乎陶冶而當為陶冶猶人資乎農夫而當為農夫。苟欲證其並耕之論則爍金凝土宜皆托業之端。而許子何能不為陶許子何能不為冶。夫許子不為陶則許子之外復有陶。許子不為冶。則許子之外復有冶。在許子不以為耕當並無妨以陶冶視陶冶。而許子既以為耕當並應直以農夫視陶冶也。而不為者果何心也。且陶不為於許子。而許子仍有賴於陶。冶不為於許子。而許子仍有賴於冶。在許子或因其既已為農故以陶冶為可緩而在吾正因其僅能為農故以陶冶為當兼也而不為者又何說也此非吾之苛求夫許子也在上者既當有所兼營在下者更宜無不兼及則許子之於陶冶不即滕君之於耕乎而何不自課所為乎亦非吾之刻待夫許子也在君者彼既不為之少恕在彼者吾何必為之少寬則為耕之當並不愈見陶冶之當為乎而何不自問所為乎使許子或偶一為陶或獨為冶揆諸所謂並耕者即所為猶有未全況許子既一不為陶亦不為冶反諸所云並耕者則所為已先自悖且許子何不為陶冶以自完並耕之說而無須交易之煩哉

且許子　　貫珠集　錢亦昌

大賢為並耕者進一解、因其說而詰之也。夫許子固以粟易械器者也。孟子欲破其厲民之說，能無重念許子哉。今以人之各有專業也。吾人立論，亦當量其人之所能耳。豈於設難之、而過為求全之說哉。自尚異者執其私見，必欲舉人所不能者以責人，則即其責人者而還以相責，覺議論不嫌因是而加苛矣。夫亦其人所自取矣。陶冶農夫相易，非相厲也，而許子既以分不並耕為厲，則安得不以粟與械器相易為厲哉。夫為是說者固許子也，使許子性獨殊人，則并其布與冠者而無所資焉，則并其釜甑與鐵者而無所用焉，泊然寡營而塵世之緣胥絕，固可自居於不敗之途使許子學先律己則不必於倉廩而議之矣則不必於府庫而訾之矣默然自反而指摘之路不開又可陰冀夫自全之地而許子於人既不能一有所假而許子於己又不能一無所需則世之無所不能而無求於人者宜莫如許子矣異學之紛也談天有人雕龍有人縱橫捭闔又有人其議論皆足歆動夫人聽而不謂許子之獨出其奇先有若人以所難之勢邪說之橫也言心性者告子言刑名者慎子言爲我兼愛者楊子墨子其流弊皆足滲壞夫風俗而不謂許子之別成一局轉致貽人以藉口之端則人謂許子之責人也刻而吾惜其太寬也夫天下之工於責人者必不受人之反詰者也自並耕之說興而許子於人幾如鑿枘之不相容而人於許子轉如

矛盾之還相刺。則兩得之圖。吾且為許子而一詰之。抑人謂許子之律己也密。而吾惜其太疏也。夫天下之善於律己者必不煩人之代謀者也。自厲民之說起。而人之為人。原不必異乑〻盡同工。而許子之為許子。已不免為法之先自斃。則萬全之策吾且〻〻吁子而代籌之。夫許子以粟易械器。原非以厲陶冶也。而以許子所謂厲民者推之。則陶冶亦宜自為。而不必相易矣。且〻子何不為陶冶。

合下意於乍光一片靈機　兩舒如意不為題位所窘

兄弟

順天楊宗師歲　于旻
入濬縣一名

婦人而以兄弟者焉因其夫而及之也夫婦人而有兄弟固其常也獨異其為彌子之妻與子路之妻耳昔孔子之皇皇而適衛也（襯筆卻是正意）為君臣也其主顏讐由也為朋友也即子路之從孔子遊也為師弟也（恰好過入本題）乃義非君臣情非朋友分非師弟如彌子與子路者豈非大不相合也哉然彌子子〻路雖不同途而其妻則有同情也蓋兄弟也噫兄弟也而一為彌子之妻一為子路之妻乎以其夫而言則一正一邪不惟子路不與彌子謀即彌子亦未必與子路謀然以（此文言道俗情）其妻而言則為兄為弟不惟彌子之妻不能忘情于子路之妻即

子路之妻亦必不能忘情于彌子之妻從來男子之為兄弟往
往自合而之離而女子之為兄弟者往〻雖離而甚合則彌子之
妻與子路之妻吾知其于歸之後不能已于聘問之殷煩也[illegible]矣
更甚入情入理
男子有妻恒困而間隔其兄弟而女子有兄弟恒困而和協其君
子則彌子之妻與子路之妻吾知其結褵之後且不止于兄弟之
繾綣也兄弟而皆賢歟則妻彌子者深嘆之子之無良妻子路者
甚幸終身之有情憂者憂而喜者喜諒亦勢之必然者矣兄弟而
或亦賢欤則妻彌子者樂室家之光寵妻子路者嘆貧窶之難堪
感者感而憤者憤又為情之所必有者矣雖兄同居春秀同行則

兄友之爲兄與爲弟者有定數焉以作之合而非人所能爲邪謂嘉耦俱屬有邦獨至此之爲兄與爲弟者若殊遇焉以顯其奇而並非己所得主問諸姑而及伯姊則兄也實居其先而妻子路與彌子者吾亦不知其誰爲兄也占帝乙而稱歸妹則弟也實居其後而妻子路與彌子者吾亦不知其誰爲弟也但誌之曰兄弟則子路與彌子雖一薰一蕕乎蓋亦有姻婭之誼云

文情飛動運筆生妍處處激射本旨尤覺雋永　朱夔一

俗題却有一種雅情雋筆點綴鮮華而輕秀之致固在　張履安

兄弟

兄弟也　順天鄉學戊戌八名　于旻

學第一

婦也而以兄弟著焉、亦因其夫及之也夫婦人而有兄弟固其常

孔子是主綫出科處。

也獨異其為彌子之妻與子路之妻耳昔孔子之皇皇而適衛也

。為兄弟二字作襯然君。臣。是。賓。下。顏師可得意朋友是賓。下。帶。

為君臣也其主顏讐由也為朋友也即子路之從孔子遊也為師

。子。謂子路師弟是賓下子路以告一篇全針非常巧妙。

弟也乃義非君臣情非朋友分非師弟如彌子與子路者豈非大

不相合者哉然而入雖不同途而其妻則有同情也蓋兄弟也夫

側承上文　開　合

弟也而一為彌子之妻一為子路之妻乎上以其夫而言則一正

一邪不惟子路不與彌子謀即彌子亦未必與子路謀然以其妻

而言則雖嫌雖私不惟彌子之妻不能忘情于子路之妻即子路

瑤林集

之妻亦不必能忘情于爾子之妻從來男子之為兄弟者往往自（客）
合而之離而女子之為兄弟者往往離而甚合則姊之為兄弟（入情）
者知其于歸之後不能已于顧問之殷殷也從來男子有兵之起（客）
因而聯屬其兄弟而女子有兄弟恒因而和協其君子則姊之為（此醇為下意作引）
兄弟也吾知其結褵之後且不止于昆季之繾綣也兄弟而皆賢（逗下與前比有收煞）
歟一則係歡之子之無良一則甚幸終身之有恃憂者憂而喜者
喜讌亦勢之必然者矣兄弟而或未賢歟一則樂室家之光寵一（眾許）
則嘆貧窶之難堪感者感而憤者憤又為情之必有者矣離合同（與聽）
吾志不同行則凡女之為兄與為弟者有定數焉以作之合而非

人所能爲刑譚嘉耦俱屬有朋獨至人之爲兄與爲弟者若殊遇焉以顯其奇而併非已所得主問諸姑亦及伯姊則兄也寔居其先而妻子路與彌子者不知其誰爲兄也上古帝乙而稱歸妹則弟也寔居其後而妻子路與彌子者亦不知其誰爲弟也但誌之曰兄弟則雖薰蕕異致乎孟亦有姻婭之誼云

入理入情雋思百出　楊貞寔先生原評

題如藥中之引文亦如石中之璣描畫點染不澹不濃○則防

連上文能截題　黄孝存

主發俱有關會機㨿俱有沂射得遞脈斜銜伏案法　黄儒醇

問余何事棲碧山答而不笑心自閑桃花流水杳然去別有天地非人間

問余何事棲碧山笑而不答心自

兄弟也　　王廣心

兩姓之至戚者無相遠之憂矣夫女子善懷況兄弟其最近也得毋
有易通之情乎兮夫聲譽當厚可忽乎哉丈夫苟榮聲帶室人亦有（朋蘇秦語）（富貴之物）
尹婦之名姻戚苟係貴豪華門亦有道孟之重夫是非必有意要之（女人之氏出詩經）
也韓奕方賦汾侯庭葛藟已同其臭味則必且曲意推引而新婭舊（兄弟詩）（求）
姻情好久通矣如于瑕洵美矣抑仲由夫也而妻則並者何歟當委（左傳句法）
禽定祥初非若敬叔子長聯鑣闕里乃魯衛迢遙賢者占歸妹于征（命定之吻）（歸妹卦）
吉諧臣感佩悅于吠尨豈意合兩婭之親如慶姨私于譚邢當嫂教（召南）（天成數覯衛風）（礼内）
娩婉又非若霄明燭光競芳桃李乃志願不猶或以如琴來教其德（明婦二女名召南）（小雅車舝）

蒙○卦

或以金夫不有其躬竟各攔盈門之車不羨英皇于潙汭是則庶士

毋戒女　哀二○年

來求姑姊彼分兩氏施衿為友季孟等諸二姚蓋兄弟也諸侯之女

以○親○為○翔　衛○宣○姜○二○女

亦有兄弟于歸勢殊嫡媵者如一為許繆夫人一為宋桓夫人夫非

毋○遺○女○嫁　夫○人○乘○服　鄘○風

皆宜姜親結其襦耶然彼曰翟茀以朝此向常天之媛貧貴所以無

納吉請○期　彌子食君餘○桃　孔○子

涓耀也今循是納請也何以驪歌淇上媚此餘桃之顏出宿波南與

告于路　恭○親○語　左○無○衆○憔○悴　邶○風

同類葭之苦倚靜好愛其姸華偏謫傷于憔悴兄若弟念燕羽差池

婦人所執之摯棗栗　大雅慶既令○居

悼于飛之下上得毋潔棗栗以通問乎列姓之女亦有兄弟慶居不

左○狄○二○女○少○適○重○耳○長○適○趙○衰

閒山川者如李隗以適重耳叔隗以適趙衰夫非皆狄人百兩遠將

夫○人○首○飾　夫○人○服　大○夫○妻○遺○髻○墜○珥○婦○人○飾

耶然彼則六珈褘衣此亦薦蘋墜珥尊卑所以不相嫌也今同是姊

婧也何以佩玉來遲姻命婦之度僕著則肅傷婉孌之姿尚愉緯肖（楚詞）（昭廿四年）（衛）（魯）（歸寧出寘夕斗）懷于河廣鳴鐘有感乎韓墟兄若弟念反馬有期幸燕行之供至得（魏物）（亦人所同有之衰准在出韋湘非）毋行苞苴以設報乎意其初兄弟或相謂曰君子燕婉是求女子相（大雅韓奕篇）（小雅秩干）彼為急酒食是議無遺父母罹可已而不意一則待樠彌氏也河魴（邶風詩）吉夢有餘也然惜也使誠貞淑季女則側聞仲由道高聖門勇蓋天（陽貨出國策言新婦為愚）（史記晏子傳）下而我良人負嘶滲竈不齒正人羞亦思御妻請去相夫子以德乎（背弟人皆集于菀已俠集于枯）是中饋嗣徽寧至集枯而集菀矣兄弟又相謂曰富貴不忘蔦蘿之（小雅）（僖廿三良女姚秦）親貧賤不棄依樛之戚問無恙外昏姻孔云樂已而不意一則秦匜（匜）（鄭風）仲氏也縞衣茹藘自若也則幸也殊非姣好彼姝則側聞彌子位尊

蘧史固寵賜帑而我良人尸饔養親衎然不屑又何難由房起舞相

夫子以樂乎是淑姬賠歌（僖廿四二物不同）不嘗一薰與一蕕矣雖然色衰獲罪象服

也不稱焉（子路仕楚）南遊得祿山妻也咢食焉（脫驚語借納何字別志）是而兄弟之福命又何如也

從兄弟描情布景惡道如何得脫以古藤敷佐之王張詞賦豈下

比綺縠之二鄭衛之樂何大時

兄弟也　王

兄弟也　　王廣心

兩姓之至戚者、無相遠之憂已、夫女子善懷、況兄弟其最近也、行役有易適之情乎、且聲譽富厚可忽乎哉、丈夫苟榮華帶室、人有尹姞之名、姻戚苟係貴豪、華門有趙孟之重、夫是非必有意要之也、韓奕方賦于侯庭、葛藟已同其臭味、此人必由意推、湖曰某也何某也何新婚、舊姻、籍之、無已矣、如彌子澗美矣、柳子路夫也、而妻則並者何敘當委禽定様、初非若敬叔子長、聯鏕關盟、乃魯衛遂邇、鬱滌岳峨姊于祉吉、諧臣感佩、愧于吠尨、豈意合兩婭之親、如虞姨秘于譚刑當姆教娩婉、又非若宵明燭光、鏡芳桃李、乃志願不衛、或以如翌宗

為下意傳神

修飾處極清韻俊逸

課業

教其德式以鉅矢不有其躬竟各嫺盈門之東不羨英皇于潙汭盖兄弟也諸侯之女固有兄弟于歸勢殊嫡媵者如一為許穆夫人一為宋桓夫人夫非皆宣姜親結其縭耶然徽曰翟茀以朝心曰帝天之媺賢貴所以無相耀耳今猶是納請也何以驪歌淇上媚此餘桃之韻出宿泲南與同嗟薪之苦倘靜好受其姊華編譎儷于憔悴兄為弟念燕則差池懷于飛之下上得毋潔素眾以適邸況列姓之女亦有兄弟慶惡不聞山川者如一為季隗以適重耳一為叔隗以適趙衰夫非皆狄人百兩遠將耶然彼則六珈褕衣此亦蘭薌墜珥之畢所以不相嫌耳今同是婚媾何以佩玉來遲媚仰婦之麾鼓蓍

側席僾娩瘳之姿。徜恤綿有懷于河廣。鳴鐘有感乎𠷎壎。兄羨弟念
反馬有期。韋燕行之偶至。得毋行苞苴以投報乎。意其初兄弟或枉
謂曰。君子燕婉是求。女子相攸爲急。酒食是議。無遺父母罹可已。而
惜也。一則倚欄彌望也。使誠貞淑季女。則側聞仲由道高聖門。寧蓋
天下。而我良人負惝愓竊。不盡正人。易而御妻。請去相夫子以德乎。
是中饋嗣徽。寧至集枯而集菀矣。兄弟又相謂曰。富貴不忘蔦蘿之
親。貧賤不棄依楞之戚。問無恙以昏姻孔云樂已。而孰意一則氣陋
佛氏也。殊非娣姒。彼姝雖側聞彌子位尊。遽如固寵賜節。而我良人
尸饔飧。親行然不肖。又何難由房起舞。相夫子以樂乎。是淑姬時欲

私若一薰與一蕕矣雖然色稟獲罰象服也不稱焉南游得祿山妻也焉食焉吁兩兄弟之福命又何如也誰不鮮兄弟生情然胸無積叠則風來之骨終傷鷙集赤貧者也可無糧也組績鮮妍然假媒媚萃于山孝穆之長

兄弟也

沈之鉽

叙兄弟之私其緣與於聖人也夫人之有兄弟可親乎乃一則歸于之妻一則子路之妻也此其為兄弟蓋有與乎孔子最且夫人倫之際有合以義者有合以人者至倫之求於天而天以為人事之遂哉此固人之所不遑料者矣吾固孔子於衛之所重而反彌子之妻與子路之妻夫彌子之於衛靈公之嬖臣也子路孔門之高弟也兩人行事迥不相侔矣而其妻何以並舉而稱也抑亦女同居其志不同行為彌子也妻者或其蓋與為伉儷者也為子路也妻者宜其樂與為偶隨潛也天何以同傾而道也則以其妻之為兄弟在彌子止有妻再進封其妻之兄弟為子路之妻也者而矣胡其妻之兄弟同

衛子隊行離之味且之警矣在子路亦止有參年從計其臭之兄弟
為彌子之妻也者而不謂其妻之兄弟固於彌子有秦匹魏櫛之歡
矣由其初言之則以其原為兄弟者而一邊于彌子一邊于子路推
而遠之也遠則其妻之情仍以兄弟而親但其後言之則以其各為
人妻者而或則為居乃則為弟引而近之也延則彌子與子路之情
亦以兄弟而親其彌子與子路雖非同道之明而其妻固同氣之屬
也抑其妻為毛裏之戚則彌子與子路由遂邪弘也人情念其妻
而所以念其妻之兄弟者其情必殺則彌子親於子路而子路亦無
不親於彌子矣人情既其妻而循以視其妻之已弟者其情尤曲則
彌子可因子而親夫子路爰犯而子路亦無不可以彌子而親

夫彌子之所親已，抑聞顏讐由者，千歲之妾之兄也，則彌子之妻亦
嘗與讐由在兄弟之列否。不其論弟就其妻之為兄弟者之彼彌子
自不禁以其邀寵于衛，獲欲于孔子者，向于路而致綣也。
彌子與子路絶不相關，為妻之兄弟，則兩人可以情欵相通矣。彌
子與孔子又絶不相關，因彌子子路有姻婭之誼，則藉此可以導[illegible]
遂衷曲矣。當觀其聯合本題，照應下文之妙。沈滄柱

兄弟也　沈

兄弟也（孟子）　杭世駿

兄弟也　杭世駿

釋親〻之誼非無因而合也蓋非其與為兄弟也者則壻于與子路何因乎故詳釋之以明其合云從來瑣〻之姻多以女子聯之草木有芬芯薰蕕不同器女以為私而壻忽有交未俗肺腑之故其得藉口於天屬也固已久矣彌子之妻與子路之妻何人溷郎同產之親不聞乎季而一索再索僅傳帝乙之占顏氏閨房之秀（兄〻弟○叢〻思○然○合）冬樹厲芳而娶娣歸須交者觀刑之美蓋兄弟也吾想夫二居結悅必分其先後則瓔與由所可兩御之者縱令娥（敘○之○雅）不使虞姊之在室三歲為婦契濶幾歷夫春秋則妻與妻

勞矣者即今遂言至是亦何至兄弟之不知一一則夫子無
賢之沃盥而或因鼓瑟之風歸寧而誇靜好所謂難爲
弟也一一則過人不淑備傷華之房帷而或分餘桃之愛行
舊姻所謂宜其兄而宜其弟也巾幗亦有雁行之序誰爲弟之兄
耶誰爲兄之弟耶而第因男女之異長以想其婉娩則猶二姬在
鄭二姚之虞姻婭實爲朊仕之媒由以爲吾姨耶瑕以爲吾姨耶
（藻上句以足也字之神）
而弟從丈夫之爵齒以定其名稱則猶歸宋爲桓歸許爲穆況非
（運上出以對旁襯）
溈汭之釐方英皇之觀內鳩鵲其異矣而江有汜而江有沱嫙
（神致俊絕世）
變諸姬豈有無端之歌嘯壹似咎如之伐等叔季之有家肥泉其

永歎矣。而就爾居而就爾宿，嬋媛伯姊，聊將靡日之心，憂彌子之

與子路言也，職是故哉。

從衛風碩人章，雲霞互映，絶世慧心。周稡存

聽題得聲也，字着紙翩然欲飛。楊誨仲

搜剔盡致，穎俊出以流麗，雕繢乃如錦繡堆也。筆底枯滯者聞

應沐浴於斯。

兄弟也

廣西許學院科入　孫溪
雲龍州學二名

戚係室人、若作之合矣、夫誰無兄弟、而耦于子路者、乃同體于彌子之妻乎、一賢一變、不若有作之合者乎、昔者孔子去父母之邦、適兄弟之國、載贄而來、殆將作君臣之合也、乃當時忽有情聯戚屬于聖門、不無葭莩之托者、又安得槩詈為臭味之差池乎、則如彌子之妻與子路之妻、是已、今夫戚莫適于同體、況婉爾閨闥、豈有丈夫之氣、妥得遂忘其骨肉、而情每鍾于柔姿、縱夫子制義亦婦從婦之凶要、難盡廢其婚姻、蓋兄弟之愛情尤切于女子也、而彌子之妻所莫解于子路之妻者、則惟以此一女子有行、常悲兄弟

○題○前○注○射○都○是○本○題○襯○托

○先○就○兄○弟○領○起

○以○戴○上○

○次○以○子○路○者○出○

○兄○弟○尚○是○題○前○賓○意○

之遠傾當在室而同遵婉娩之教者于歸既賦或亦倚其夫而顯

邀親戚之光也而窃寵餘桃者乃得明言姻婭假閨房之愛以引

（就是弟轉出際于作主以領題脉）

分于吾徒有姊弗忍曽憐兄弟之寡則以從人而同懷毛裏之親

（正是衛卿可得處）

者結褵雖異當亦念其遠而與通燕婉之情也而婚媾君卑者正

樂陰附賢豪託幃闥之歡而自陳其懿戚維茲兄弟豈無賢不賢

（全從弟了急中想出兄）

焉然當日容慶為好逑彼兄弟遵相忘也而樂瀨其為兄弟者偏

（弟來大是通身脉理）

不忘之曰彼其之子匪騎甥舅也匪騎伯叔也亦有兄弟儼在中

饋之閒耳維茲兄弟亦有幸不幸焉然當日偶逢于羇旅彼兄弟

不必知也而深幸其為兄弟者窃自知之曰乃如之人無須同志

兄弟也（孟子）　孫奚

也無須同衎也莫如兄弟當念闕內之人耳亦狄之納亦傳二女

兄弟比例是題面

就兹兄弟以言情則猶叔隗季隗之選也莊姜之貴猶誌舊姻因

子路弥子比例是題意

兹兄弟以交歡則亦譚公邢侯之戚也我聞雝由之為孔子主也

條波瀾迭

寔于子路有女離之附焉乃彌子之于雝由亦猶雝由之于子路

去路清

也而彌子因得援兹兄弟以自通矣

題面是兄弟也三字若不截清便是囫圇三句題但兄弟二字原是指彌子：路之妻若呆叙題面又不分疏法在扣定本位處：將上文錯入不使脫去又不令粘連題意題面方能兩得至于上下脈理又是彌子作主蓋上句以彌子領起下句緊接

彌子說去則就題而論是兄弟為主就題意而論是彌子為主中主子路只是主中賓也而大頭腦處尤在孔子三字題看得脈理如此定是合作　原評

王作古藻絕倫如秦漢法物杭作亦有華有書今閱此文從彌子處中看出兄弟來其體認上下文來蹤去路獨見脈理精細寔能于前兩名作外卓然自成一家轉不必多取古人姻婭事情相為引証也　宋鄒森

兄弟無故

鍾仁

再覩天親之合大賢深念夫無故之遭焉夫人有兄弟其常也而無故之憂雖有天下者亦不可必焉故孟子與父母而並及之今夫勢位所存無事不可得之於世而天潢之派造物或靳之以聖人之輔雖不必致嘆於閱牆貽譏於角弓而友恭之誼未能著聲於內外朝野間君子念此當亦不能釋然者已一如父母俱存父母膝下不有兄弟乎嚮嚮與於家而晏然享平歡之奉固屬人生難得之事矣若夫兄弟其年齒大約相去無幾耳然世固有不忍傷心於死亡而慨乎深孔懷之慕者則何也一眉壽無害固為人世莫大

之幸矣至于兄弟其〻尺大抵無虞既逝耳然世固有不盡滌弔
乎形影而株然增為行之感者又何如則有故非即故之生也不

故字情理曲盡

生於明而生於頑〻則心莫嗜慾以行其貪縱之私而汩其天顯

對二宋二天　殘節波閱力閱

一愛故我之德化可行於天下國家而無不祇肅者而反阻於親

真綮

之地雖以帝王之貴轉不若愚賤之家〻維〻式好者之無它也
我以誠乎彼以偽應惟其頑之堅不可破也故也之起也又不起於
頑而捷於明〻則蓄其雄畧以肆其不軌之謀而致傷手足之誼
故我之心事可告諸天地質民而無弗共諒其倫不見信於同氣
之人雖以貴胄之家反弗若閭里之敦怡〻既翕者之無恙也彼

言可流我豸可欽惟其卻之樾而思豈也則兄弟無故之難也天
之生我而有兄弟我之幸乃或以富貴也與而故以形爲奚異
於形骨之夫乎今何幸而典集一家也我欲爲善而貽父母以令
名儉之兄而兄之志同依之弟而弟之心一而無或差池其臭味
一彼西山之兄弟一尊父命一重天倫際有故之時而蓋無故之
雖有土之尊勿戀也兄弟之間知必交得其真者矣我之生而
育兄弟我之福也乃或以貴否之故而甚以作爲奚有於纔笑之
美乎今何幸而鍾靈一室也我欲繼述以纘先人之緒而上有大
烈之兄下有多才之弟而志事也咸正罔缺也彼成周之兄弟達

而不我憤[illegible]並乎[illegible]

孝也同合成德也同了然有故之會而欲無故之休植璧秉珪何

皆由兄弟之誼夫誠有窺其微者矣獨之一樂不其然乎

思風發於胸臆言泉流於脣齒横厲無前撥之皆題理所應有

是真讀書人文字

兄弟無故一節

第十冊　卷三十

由也好勇過我

鎮江黄府尊季考
丹陽縣學一名
荊琢

勇之過者，聖人謝弗及矣。夫勇可好，恐子不可過也。由也何乃蹈此若曰：以吾久栖栖于世，而由也相從之日為多，由之義也，即由之勇也，然猶從吾於好云耳。今者浮海之説，獨與由也商之，而吾友疑我之已過也，乃由矜有甚焉。夫是言也，吾驟及之，而神愴者，而由且樂乎，此乎之境也，吾念及之而心驚者，而由且神已往乎，轉覺吾之意淒深，而由獨果也，且覺尚之志已決，而吾猶未決也，由誠勇矣，由之好勇誠過我矣。且吾揣由一非真能超然于天下也，姑潛身焉以俟時之清，令異日而猶可為也，則去者固可旋返也，夫何為而不果

吾又端由之意惟有所大不忍于天下也姑引避焉以紓吾之憂么

畏日而終無異也則去者可無復返也夫何為而不返則設有吾所

清用中周一齊意發好中有敢戰等

甚瘝者于此為其痛瘝惓怛明知勢不可為而未嘗不可計圖之也

久之終不可為而學亦可以中絕矣憔心勞思何益乎由所為堅忍

于臨莘雖決然付之弗問而終無所憐也此真我所未逮也已又設

可知棄此

現前指點

有溺于海濱者于此當其轉續益瀑則知力不能拯而未嘗不多方

救之也久之終不能救而情亦可以自謝矣緋細觀望何為乎由所

為力斷于當幾雖奮然捋臂不顧而弗疑其勢也此真我所未及也

亡然則今之丘已出向者之意外而今之由又出丘今者之意外由

妙

誠勇矣。由之好勇誠過我矣。然道之不行。由不嘗謂已知之恥[illegible]焉。不早從避世之士遊。而抑心屈志浴皇于今。則由之勇奮激弗如而。更有為由所弗如者也。由亦材之取。

曲寫子路心事。正從一樣悲天憫人念頭錯會來。體認精細。神致婉合。

由也好　荊

由也好勇　取材

廣東戚學使歲考八州學一名　簡麗

果於忘世者未度世之不可忘者也夫由也果故其忘世亦果夫子以為無所取材則忘世亦不必如是其果矣且吾人之生原以為天下也則天下者吾人之所日以為憂者也以天下為憂而乃有不憂天下之言正深於憂之矣何居乎執一時不得已之言而遽欲為終身不再計之事是乃果於不憂天下矣夫豈有當哉由乎其有憂而吾與吾之與由也七十二國闐車塵馬跡無所不過亦以斯世斯民不可一日忘耳無何至今溫溫未試發為忘世之語我也方托之於空言而由則欲見之實事夫空言可托而實事必不可為不可為而

雖題得口吻

欲為之是由也誠好勇矣由之好勇誠過我矣然由也亦嘗取斯世

斯民而材之乎今夫道之可以衣人食人者而忍世之自為饑自為

如從聖人肺腑中流出

寒乎道之可以長人育人者而忍世之自為寘自為顛乎今試與由

字字清

妙理大波軒然

也遵循乎海濱之間而見有人焉溺於水者大其聲疾其呼而望其

救之也其戚可哀其情可憫由將濡手足以從與抑將環視而垂涕

與且將頓之流連而不忍去與抑將視之漠然而長往與吾知斯時

之由其能自救之未有不濡乎之以從矣即不能自救之亦必流連

而不忍去望有以同救之矣其能自救之而僅環視垂涕乎不能自

筆法佳

救之而竟漠然長往乎由于其亦嘗有所取材乎由之好勇過我由

之無所取材也然則與子乘舟放乎中流由亦可以不必矣

望魯伸情中居鼓調低徊自賞歌泣欲來 原評

直寫胸懷一洗生氣勃勃竟是古丈手筆即借浮海生情悄點

出取材道理聰明絕世令我擊節不能已也

由也好 簡

由知德者鮮矣　　壬申　盧文炤

必得之難强也、聖人有責望之意焉、夫苟有其德、斯自知之耳、不

然、曾何足以與此乎、子路聞之、當瞿然已、予以為學莫先於識所

趨、此邪正之辨也、得之於學人猶易、而學莫要於深其旨與虛實　一變

之介也、求之於學人乃甚難、由乎、爾將以為數者於天高地下之

一主〇虛、、引起先正体裁〇、、〇〇先〇將〇由〇之〇自〇知〇為〇知〇是〇知〇

閣者、無在非名理之所寄、而意所懸揣、即可據為大美之存乎一靈

〇破〇語〇脉〇運〇動〇活〇氣〇讀〇行〇〇〇〇〇〇〇〇妹〇處〇分〇明〇〇〇〇〇〇〇〇〇〇〇〇〇〇〇〇〇

特以為稟受於形生神發之初者、何一非方寸之所涵、而率其本

〇〇〇〇〇〇〇〇〇〇〇〇〇古文轉折〇〇〇〇〇〇〇〇〇〇〇〇〇

真、即無待於積累之獲乎矣、甘苦之迹、必嘗之而後諭、而饜飫之

〇〇〇〇〇〇〇〇

又撫衷乃有以自明、曲折之途、必熟之而後安、而悟遣之深歷

由知德者鮮矣（論語）　盧文炤

自無能相奪是其為知德者歟克然無欠缺之端斯豐蔚無回藏

一氣知機

之處德居乎先而知若從而後之而要非兩俟也吾以此望于功

和一此

方洗潛之士〻而累知德者誰歟覽其大畧而自謂得之及乎臨事

祖髮大業神微衷川

而不能自主欲預借乎知之分必將虛擬乎德之程而要非義蓄

以斷為續接卷好遊山勢崇

也然何足語乎持守堅定之方亦嘗毅然而圖之矣然屬其氣禁

不能愜其心若明若暗之交非必盡棄其素定之規模也而外誘

剔入深奧

之偽乘內索焉而覺有無可辨免之處則亦了不知其旨趣之何

在矣亦嘗翹然而至之矣然造其大路〻不能入其微將信將疑之

下非必盡沮其向徃之初心也而時會之所趋從衆焉而別謀所

以慰觭之端則亦難信其生平之所托矣故在常人無論已即日習夫詩書之說仁義之名而怨怨不及持終覺性情之未洽吾是以入世而愈知其難也抑在獨學無論已即日接夫和平之氣寧靜之容而悍悍不自克終覺意氣之不親吾是以積觀而益覺其孤也其鮮矣乎然則欲知德者將何如深之以篤實之功加之以持久之力勿以一得自畫也勿以因獲自疑也則亦可以儀幾矣

觀史記世家則知大註之碑扶輕心以翼註豈易得乎不但此々有意力矯時流合掌之病兼能一氣卓行直追蒙峯荊川筆格

陳句山先生

其氣扶疎而樸茂。其局嶟峍而縝珍。虞震川先生之文。所以跨越
一代而後人莫能津逮者也。此真造其堂齊其胾矣。

熊曉嵐

冉子與之粟五秉

陳聶恒

經于與者若欲以多為禮焉夫粟所當與則五秉亦未可為多而夫子固未嘗與也冉子何為者嘗謂朋友有通財之義而斷撥之以義則固有不必通之財者也若冉子于子華之母足異焉請粟不已而請益與釜不已而與庾在夫子之意可以與而亦可以無與則庾已進而有加在冉子之意可以與而必不可以少與雖庾猶進而未慊（体貼纏綿新爰弟）之惠為界者亦何可殘之于其節而三啓則嫌乎已實戶囊之感為真者終未忍懟然于其母而仁止則似乎少情于華之母猶吾之母也可自取以啓中之疑而又何吝焉吾之粟猶夫子之粟也可

○原○批　先○正○有○文

節□其將毋之畀而又何求焉今夫粟之為數也得斗者百有六十而以繹之乎盖其義已將十倍之也得斛者十有六而以較之乎庾□將十倍之也庾之不足而與秉已不可為夫子志乎且以秉

□□□□字　原○批○文○順○字○穩○題○面○

□□一則五者何也若以吾而與吾又為師而與一粟而兩致其情焉

○結○推○勘○寫○

請粟可無加乎吾而與友之毋吾又為師而與友也毋一與而交

○又○發○妙○面○插○

□其請焉誰謂五之為甚乎如是而為釜之與則所不足于釜之與

□□○一○奇○

奇且百二十有奇也而夫子與焉自宜常見為少如是而為庾之益則所不足乎庾也與贅而兩十有奇也而夫子且待請而益焉豈真不及乎情豈乃冉子竟知其可與而不知其可以無與者也擬以義

與冉子以五秉之粟與人而博一緼富之名也豈不惜哉

看他入手數行細意熨貼處　孫載山

將五秉與釜庾逐一細算愈見五秉之多愈見五秉之不可與此正作者善于烘托處　汪安公

次第相生處寔合法非慶曆名手不能似此靈妙　成絅齋

句句從請粟請益許無復之後搏出從猶吾之毋意又生出猶夫之粟一意從與友之朋意又生出為師而與一意與粟二字乃殊時庾自與從較之釜較之庾意又生出不及于釜庾之與一意五秉二字刻劃變化又緊對上文先第小題名手無以過也

冉有曰今夫　孫憂　丁泰

權臣有世邑魯君無外臣矣夫顓者何季氏之私邑也顓臾者何魯
若之社稷臣也顓臾固而近於費則君之社稷固季之子孫憂冉有
所以慮不取也聞之費雖邑也夫子為司寇嘗欲墮費矣誠以其非
先王之命處邦域之中而儼然有社稷之建一似費自有君費自有
臣者故汲汲於墮之亦曰今夫費固而近於公今不墮後世必為子
孫憂耳不意冉有承夫子之責而抗言以對曰今夫顓臾固而近於
費得毋謂向來有費顓臾或可百年長存今既有費顓臾不可一日
偪處乎又曰今不取後世必為子孫憂得毋謂顓臾與季無並立之

勢而及今尚可以圖季與顓臾有窺伺之形而後此不可以追乎夫子曰何以伐為而求則曰伐誠有以也以其險足以守險足以戰則宜伐者一以其寄我肘下臨我目前則宜伐者又一以其一日縱敵數世之憂計及子孫不為無名則宜伐者又一夫子曰焉用彼相而求則曰相甚有用也用以運籌帷幄揣料敵情則相之知既盡用以謹守土宇思啓封疆則相之才既竭用以深計長慮決策一日之內功施數世之久則相之勳既多夫乃環瞻顓臾遂不徙議伐而直將讓取嗟夫以今日季氏之勢識足取顓由以自廣其版圖誠足取顓臾以永庇其苗裔然求第為[illegible]慮獨不為魯慮乎求第為季氏之子

紉秋集

孫慮獨不為魯君之社稷臣乎今夫季氏之有費何王之所命也何邦之所治也何君之所臣也考之盟府既無載書之賜問之司會後鮮貢賦之輸僑之公室不聞號令之承然而天子不討方伯不伐魯君不聞者尚念成季之烈文子之勞以無廢其先祀為耳顓臾誠固費未為不固也顓臾誠近於費費尤實近於公而耦國也顓臾不取後世必為子孫憂季氏不亡數傳之後有魯國者恐非公之子孫也如執世祿而不世官之典季且不得有費安得復取顓臾哉而冉有之論已侃侃若是吾謂季氏之得冉有虎而翼也冉有之為季氏計蓋以重器擲也假令周任而在將必執簡斥之以愧為私臣不忠

○○○○○○○○○○○
於君者何取不取之兒云

肆筆而成字中挾風霜之氣

冉有曰

冉伯牛仲弓　冉有

佘世熊

紀德行而遞及于政事有一姓而居其三者焉夫伯牛仲弓與冉有皆冉氏之賢也而或列于德行或列于政事不與言語之予賜同為聖門之選哉且孔門七十子之中惟顏氏人才為最盛而與難獨有一回次之若伯牛仲弓以及冉有亦一姓之英也其品詣不同而回思陳蔡之時則師弟之誼有尤篤焉者宜為聖人所繫念而不能忽也彼淵與騫固居德行之首矣或曰誼之同者不必同其系也則有若伯牛與仲弓德相埒行相侔亢宗之譽雖號多藝者不得而齊焉其生平大率與顏閔相類耳惜也耕薄于命斯

人之疾與回之早夭同傷雍缺于倫犁牛之感與擬之失戀同歎
而回憶當年兕虎興歌以同德之與天又厄之以同患之遭也自
牖之永訣堪傷南面之設施何在抱大德而不能智效一官政成
淋漓精緻既精且大欲三日繞梁
一國君子固窮二冉其庶幾乎吾思二子既以德行同科則有德
輕便
者必有言固其所也然而以言語著者又大有人在如宰我如子
貢或論德則精微之必辨或道政則經濟之堪夸雖行不逮言或
豐緊
有媿于欲吶之訓而言可徵事要不同于尚口之羞宜其次伯牛
與仲弓而與政事之冉有並著長才之望也夫冉有固别族於耕
與雍而其氏則同也何廿于自畫僅僅以藝稱耶然而足民可使

素裕夫治理之能從政交推更深熟夫經綸之畧以彼其才而相從于曠野之達其遇則可惜然益足為吾道生色矣或疑冉有生平恭老慈幼不忘賓旅似與伯牛諸人同得以德行顯而予之荆也又申之以冉有即宰我子貢其言語何多遜焉是又不然夫政事之才固可與德行相表裏與言語相頡頏也求以其所長與伯牛仲弓同堂濟美冉氏之聲益藉藉矣能不令夫子低徊于陳蔡時而不能已耶

（回顏陳蔡）

（令人有穿花蛺蝶點水蜻蜓之喻）

以三冉綰結以言語作波處處合法惜也耕薄于命數行才大緒密俯仰激昂幾欲搔首而問青天矣　吳縣惠天牧先生

宗謂祥遺文

人王天所古趣壽盤承康周聖瀾世兄

機圓法密琢句更極雅馴　表兄孫會洙

冉伯牛

機圓法密琢句更極雅馴

四十五十　　陶貞一

聖人為學者寬其期。正所以進之也、夫舉四十五十、而終身不啻盡焉、至是則無復之矣、人其如此四十五十何、嘗謂人生百年亦俄頃耳、而況乎其未必至之也、然而為學者言之、則得半焉而已幸矣、非幸其年之已至是、而幸其於是無之也有年也、夫徒以年而已、豈有所謂焉知者其一後來者乎、此吾固知其後之於今、四十必至乎五十也、天下紛紛、大抵多四十五十中人、其真其頹者從而闇修其耄者、退而安處、故四十五十之奔走較多也、而吾嘗謂之必不自四十五十時始耳、少後者閒餘之有自驗、或者亦稍稍有得於四十五十

從風塵中看得

而前務之疾之也惟其然也古以大聖之資猶惜寸陰非謂過此遂無
後〇鵝〇標〇勃　原〇黃〇舜〇佳〇以清
寸陰也為此急急：不自知而積寸焉而已成其為四十五十也惟其
潮〇依而下已濯然
然也古人日新又新功無期一日非謂吾事既畢于一日也吾事隱：
陸〇俊〇逸　悚〇心
無惑時而積四十五十焉而祇知一日也處于儕偶之中不同父事
好〇轉〇身
即同兄事者此四十五十也君子亦有為父兄之日也無異也鄉人
亦有為父兄之日也無異也甚矣四十五十之有當尊也列于大耄
之　林不同先知即同先覺者此四十五十也上智者之不必至是而
不〇覺〇古〇適
始知覺也無疑也困知者之必將至是而始知覺也無疑也甚矣四
十五十之無常勢也至此時而還念後生則真可畏也非從歲月之

可記歲月者人之所同而有不同焉者彼他人之四十五十皆可以不至于四十五十者也而吾之四十五十乃必不可不至于四十五（何以借此取意）十者也則真可記也（隱秀）時而叢念後來則人可悲也非以身世之可忽身世者時之所閒而有不閒焉者貴從人之四十五十皆不適一身已往之四十五十者也而吾之四十五十乃不啻千古當留之四十五十也則真可念也然則是歲不我與可勿歎也老之將至可勿問也幾然其人將為後來之典型矣而孰知其然其為後來之所笑也

函折痛快如讀張茂先勵志詩　樊叔度

本朝考卷書歸雅集　論語

壯心生氣湧出筆間人所意盡詞竭忽然無方與剝紗年華頭取

此種日作千遍洗完知麼士書也

四十五

陶

四飯缺適秦

徐炎光

適秦有人、侑食皆虛矣、夫侑食至四飯而止、缺也適秦、侑食其虛乎、且讀簡兮之詩、伶官而思及于西方之美人、西方周之舊也、而特已屬于秦、乃誰將西歸、不為好音之懷、而為避地之計、如四飯缺適秦是已、夫以樂侑食、必俟告飽、王者一飯告飽而始侑、故有亞飯之樂、諸侯再飯告飽而奏樂、似并無四飯之名、魯也禮樂則于天子、故侑始亞飯、缺既相繼以升歌、今也禮樂正自夫子、故去由師摯、缺亦相率以遊、征去矣、而適秦抑又可悲、非曰雍州天府周以岐西予秦、太華終南之拱衛、王氣復鍾于西北、而馬首于焉

分明

此用傾仲恭如脟齊○卩題

本白虎通

擯乃去○此

意○羅○胎○練○原○不○忘○唐

西向非曰函關天險天以鶉首賜秦（英偉）然河涇渭之環繞霸圖乎盛于褒穆而行踪為之西指惟是周轍既東聲名文物之區一變為車轔駟鐵之俗鞍馬騎射非復文武成康之遺當為隕涕而徬徨非子肇封鎬京辟廱之樂下降為無衣小戎之作歌謠慷慨絕非明堂清廟之音當為入耳而不懂觀故宮之禾黍心傷宮闕之凌夷（閱合四飯匪夷所思）向日工歌術食之地惟見黍稷之離離（閱合四飯少奇）弔北陵之風雨悵慕日（指）昃之憂勤（文王）徃時晚食奏樂之所惟見雲山之渺渺雖然蒹葭以露（轉）所謂伊人永懷在彼一方可與行歌而互答鄠杜竹林號稱隩區（史對詩）胥腴冠乎九州更喜夏聲之如舊云觀四國獄奪不絕書秦獲君

臣定位知覺鷺行萃之澤留治豈鎬為甚長橫覽列邦滋亂以（此天之所以不泰何云常醉）

（後至戰國末始不免耳）

時聞秦獨宮闈靜正知關雎麟趾之風漸被于邠岐為甚永此適

秦之意與自是魯殿之上無復侑食之嫌矣

慷慨磊落秦人風流猶存（王貞淑）

吾邑顧仲恭炳燭齋記亞飯句當與一餐告飽句相發明天子

一飯而告飽諸侯二飯而告飽告飽之後必須以樂勸侑然後

復食當初飯時本不須侑故無侑食之樂也此義在禮記禮器

篇中云凡食天子一諸侯二士大夫三食力無數魯本諸侯應

再飯而告飽不應亞飯即用樂因成王之賜故有亞飯之官有

虞山人文

亞飯因有四飯文本此立論根據分明後半經〻緯史直欲上掩千古　謝愈南

飯古〻南一論後風〻史

心磬二史

王

四飯缺適秦

陸建

記四飯之所適不忘周之舊也夫秦周之舊地也而四飯缺適之（一篇主意）殆猶有不忘魯之意乎且人之離本國而他遷者其心豈忍忘先君之餘業也哉故為覽中原故都尚在則聊以托足而吾祖宗之遺意存焉其雖蕭然遠引終有戀戀宗邦之意而望西方以來歸者又與他人之所往異矣夫諸侯三飯魯有四飯亞飯三飯也而缺也遂當其職吾想當日者青齊楚蔡相繼諸去魯之廷已無復太師諸伶之跡矣而惟缺獨留則樂作于四飯之時獨無懷故人情乎于是又有適秦之舉特是我魯中華文物之邦也而秦獨僻在

西陲其鬱蒼斯土也何為遊哉吾想結于此由魯而東則有齊（奔、地、風、光、却、不）而（清、婉、）吹竽鼓瑟之風盡與擊而同遊乎自魯而南則有楚而陽春白雪之曲盡與千霽而和之乎案於中望則有蔡而高陂巫山之下盡與繚結無聊之侶而見文昭武穆之遺乎而不意缺之適於秦也隱泰圖夷也彼缺也胡為乎至止哉意者以為夏屋四簋秦風也以樂侑食吾職也今也抗志遐征矛然長往而並坐鼓簧之下（翩翩乎生波）亦可見車轔駟鐵之盛事乎且也秦有夏聲能夏則大吾掾吾業焉以往則向之擊甕叩缶而歌嗚嗚者可一變為大雅元音而秦之聲于是乎大著矣雖然缺之意殆不為此（一筆、轉、正、）天棄我故都原屬無可知何以秦使桑土音于汧渭而同風彈箏搏髀之風則與之樂秪令人悲耳今也自魯而秦庶幾瞻彼西方而念昔慕懷者（歸到正意）美人乎蓋我周東遷以後豐鎬歸秦使徘徊河洛之間當亦如見（華簇立）我文王也而我魯遺風不猶然在望歟回憶當時循念魯君之側與諸伶共事一堂固不能不觸緒傷悲慨歎雜之感而覩西岐風景之貴其亦可以稍慰衆哀（前翻後應齊收拾如風掃）聞嗟乎齊歸女樂致彼婦之歌楚競南風諧和郢中之曲蔡雖同姓介在齊楚則較魯更弱不可久居孰若缺之翹首函關卻歧如故猶可想見黿鼉見繹閒也

古法緯以高韻才子風華作家氣象兼擅其勝　張京琴

昭定不忘周之舊發論命意已擴題巔余更愛其篇法如峯迴路轉步步引人入勝山重水複疑無路柳暗花明又一村可以方斯文境友人周新之

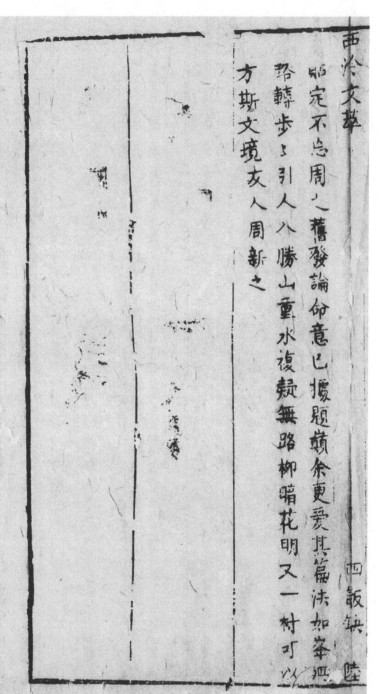

四飯缺適秦　　蔣鳴王

修逸而西，懷周之舊也。夫周之東也，地入於秦，去魯而秦猶周舊也。故四飯有適之之舉，蓋開沂渭之間，秦地也；夏屋四簋，秦風也；擊筑叩缶而歌呼嗚嗚，則秦聲尤喬焉。雖然，夷也，而不通於夏。一旦秦有夏聲而附於六代之末者，缺之為也。何也？四飯缺適秦也。嗟乎，修於魯而客於秦，胡為乎來哉？蓋秦雖與夷居，其地兼乎邠岐豐鎬之都，而俗仍乎文武成康之舊，則自缺之適也，從魯而西，取道以漸至於豐，文王廟在焉，魯文之昭也，備名有見文王如見我公者乎？去此而踰豳而涉岐，而俯視乎鎬京，浩然長太息曰：彼黍離離，行邁靡靡，顧瞻周道，我心則夷，方且為之頌西方，方且為之咏彼美，方且為之懷

（論切於言）（老一向習）（提出見適秦之意）（山川風景宛然目前）（極俯仰之致）

好古誦豳風七月之章，則恍然見周公之所以作觀豪劉夬之俗，則慨然嘆周家之所以興，爰觀我車，爰止我馬，噫嘻昔也，於而舊今也。客則秦矣，夫秦，荒土也，東望不如齊，齊曾未聞吹竽鼓瑟之立於其（然上奇甚齊咸）門，南望不如楚，楚曾未聞白雲陽春之和於國中，中望不如秦，秦曾不若文昭武穆之國，盻故鄉而依舊里，是缺也，胡為乎來哉，吾知其善之懿矣。齊歸女樂，楚競南風，秦為國也，不足為居，庶幾靖函天險，立函谷之上，使可眺豳，寄見繹近，可見豐芑漆沮，猶有不忘先王之遺意（江上數牽青）乎。

淒情壯志，乖乖游游，携手上河梁，旋子暮何之，此蘇李絶調也。先生此文可以并濟靡文乎。

四飯缺適秦　於河

湖南興宗師歲覆　入常德府學一名　戴　茗

避地者以四飯終、又有開避世之始者矣、夫適者不一人、至四飯終入者不一人、自方叔始、魯之樂府、復有幾人乎、且周自渡河勘亂、宅是鎬京、於是定為四飯之制、而大食則奏鐘鼓、典甚鉅也、迨其後周則逾河以東、其地遂為秦有、觀周樂者將在魯矣、獨奈何去國者不避秦、而濁河之佳氣猶存、復有相顧以起者也、一如太師而下、亞飯則適楚矣、三飯則適蔡矣、侑食者賴有四飯、缺在使缺也、傷諸伶之各散、念執事之無人、羨鼓奏金應、以身兼其任矣、何一且舍而入秦也、吾聞黑水西河、惟雍州秦實據之、自魯之秦則

原評和題大方

日暮碧雲合

原評天然纓帶

必亂於濟達於南河而後歷砥柱三門以至於秦計其道里非可
一宿至也缺之適此何也秦為河之經始龍門積石之區溯源者○原○評○穀○
於此規混浩之勢焉缺豈有觀瀾之意乎吾不得而知也秦為河
○精○禹○貢○之衛流桃林太華之側臨流者於此有震蕩之處焉缺豈有底定
之思乎亦不得而知也夫至於適秦而磬之曹班殆無人矣雖然
此其同事者也非其司器者也同事者去司器者存則西飯猶有
所托矣孰意亦叔又入於河也夫河之經行於中國也惟楚與蔡
介居南服○倫○全○論○補○賓○主○分○明○其去河為最遠自此而外齊乃河之下流秦乃河之上
流也方叔之入其在於齊乎則與太師同調然既言入則不在齊

也。習之河于溯洄從之。宛然伊人之蒹耳。其在於秦乎。則與師飲
同心。然既言入。亦不在秦也。誰謂河廣。一葦杭之。無復道阻之憂
可一葦其入也。因以適者之猶在人國也。推彼河內雖鄰於秦而築
（原評：然就河內遁手。）
馮河魯人所畏。托而繼焉。終吾生以徜徉矣。設異日者西首秦
（朔風格）
中溯河而返。故人無恙。問訊何如。其亦有憐終南而遲之清渭者
予嘆未可知也。

河自積石以下。經行皆秦地。禹治河始龍門。在今韓城縣地。亦
屬秦。隋唐後於河津設龍門縣。始被其名於東岸耳。秦為河經
始衝流。恰好縮合。入後俱從河。串發賓主。秋然他手。適終入當

滿紙糾紛那得此綺麗波瀾也　原評

黄河落天走東海萬里瀉入胸懷閒推波助瀾都非凡境作者胸中故自藏得河渠書

四飯缺適秦　　舊藁

侑君食者終去以盡適異國者愈即於遠矣夫去國而至四飯則魯侑食之伶盡矣其所適也在秦不亦愈去愈遠哉今夫時至昏秋世亦季矣賢者之在位微又微矣孔子自反魯正樂之後而魯紛不振何能一飯而忘西京哉其如魯之樂官先去者大師也至亞飯三飯侑君之食而亦忘君以去勢必使僚署爲之一空適蔡者鄰國也至適楚適蔡異俗可居且更無心復返勢必將間關而不待再計以觀四飯之缺則何如者說者曰王日一舉亦日三舉四飯其在晚食者也有爲之主曰昃不遑食時將燕息恐怠心之

飯推崇出機論假持

牛其兄有補君之缺故以缺名是不可知況魯又其受女樂時之
諸伶去缺豈能獨留或曰天子四飯諸侯三飯四飯則爲僭禮者
也綠襲之弊肉食者不知國已衰季欲反正無從亦徒且寓意於
缺聊以缺名是未可知況魯又其啟下移時也諸伶去缺不妨獨
峭快不羈陶莽
後以觀所適則在於秦焉夫飯至於四則由旦而晝由晡而暮清
明之氣漸即於昏晦國至於秦則自皇而帝自王而霸熙皞之氣
已轉爲驩虞缺也處弱邪事黜主其有所棄而慕於所適乎恐亦
必然特去國惟恐不遠則魯之爲魯從可知也夢天帝而鬪鈞天
秦人已覺機兆之漸臧缺即褰裳而往亦豈必有小我無衣之概

動其胸中特以既去父母之國遷地不得不偏風塵物色恐自
賞識之侶從此應不復操故國之音與寺人而坐鼓瑟素人亦多
草率而未備鈇即抱器以歸亦僅可與撫筑擊缶之徒同為傳江
深情如見
况已大禮義之俗則藏身不得不固霜露蒹葭卽有溯洄之思卽
此便覺非我西方之舊况諸伶之去為魯弱也更為周衰也至適
國不已且入河入漢入海天下無賢者容足地矣昔老聃去柱下
之秦後竟不知所終而漢文帝時尚有魏文侯樂工竇公其人者
則賢者之迹邈矣哉

古調獨彈無餞韻致宕漾靄老眼老手　李郁齋

運古文於制義攄經術於小品一邱一壑自具驅濤湧雲氣

張健堂

先生嘗患生童作窘題思路窒塞不能展拓因覆試湘鄉新進

出此作見示幕中諸友慫慂刊布先生猶恐啓後學鑿空之漸

愚謂不然凡思路須循理路苟理有發明亦自不同附會臨夷

毛穎古大儒尚以文爲戲况在字義間耶受業董子醇謹識

四皈欽　舊藁

出入相友守望相助　科試一等　邱晉昕

為小國策友助之政常變皆見其仁矣夫出入守望大國猶宜加意也況褊小如滕乎相友相助仁政不已可行哉且國家承平數百年酒醴往來婦孺知愛閭閻清宴烽燧無驚猗歟休哉洽比樂而聲勢聯也乃當經界之既行欲言仁政之所自亦惟是心腹相孚指臂相使者寓民事於常變之中以永保我宗國焉則井田也而兵制備矣同井既行於鄉試為九一之政謀所先滕承叔繡之故封疆理狹則橫縱可數倚門閭者老稚相習過里閈者雞犬相聞而荷鋤秉耒作息曉然也何以意氣交孚聊慰田間之風雨滕界强鄰之孔要窺伺衆則戎馬堪虞近以

相保巷少居人遠以相探林無烝旅而裹糧坐甲聚散難防也
何以緩急足恃庇我宇下之提封甚矣出入宜相友守望宜相
助也今且為勝計之入情於急公若視為盛舉於急私若視為
故常乾餱肥牲不惜竭其力以奉黨姻況君上之明行仁政也
出而代耕入者即倚閭而望入而自息出者即挈榼而迎是出
與入兩相謀也兩相謀而其為友也倍摯則田畯皆同父老矣
人情於用獨恆見其不足於用衆恆見其有餘饁獸獻禽不恤
通其財以周鄰里況君上之勸行仁政也有時此為彼守無事
取給於所守之家有時彼為此望何煩躬歷夫所望之境是守
與望兩相衛也兩相衛而其為助也倍殷則溝洫可息戎車矣
且夫友助之難亦莫難於勝耳邑可里而出入或滿閭巷幾同

於周容郊多壘而守望莫恃立城等詢於巫臣惟即仁政而緩圖之則司徒司馬即寓井田也而友洽編氓莫憚宋人之請覔助同設險何憂中國之爭盟然而友助之易亦莫易於滕耳出入寡而耳目相接敵關可驗於司門守望聚而聯絡相聞重閉何傷乎暴客惟取仁政而急試之則為農為兵儼成伍兩也而無事則主伯亞旅聯其友何會歸市之從有事則戚里連鄉助其援豈畏築城之舉公其有意仁政乎

珠圓玉潤後路尤數佐生新

出乎爾者　者也　　馬世奇

以所反合所出而人當自爲計矣蓋出爾反爾一机也人雖不能善其出而獨不爲反者地哉嘗于意曰涉世之常理不計施報而但計（發端正大）是非涉世之常情不計是非而先計施報吾所以諄諄乎再三戒之者正其所爲因人情以平人情者也何也天下止是爾與人之兩境天下之酬應止是出與反之兩端爾或取不如意者投之人而爾不（兩乎字兩者字俱叫醒）能禁也此見其出未見其反也人或取不如意者投之爾而爾不能堪也此見其反未見其出也吾以出者聽諸爾爲政而反者已因之矣反者聽諸人爲政而出者已召之矣其出以無心也人輒以有心

明人考卷　　孟子

明人考卷　　孟子

待之所予以盼睞則還劾爾以涓埃也爾予以睚眦則還中爾以戈（危嘗示言不責耳挽而令矣）

矛也是所謂爾司契而人合符者也其出以有心也人又報之以無（世上乘人明之與素）

心慈之長厚之所激不獨爾能為君子也刻核之所至不獨爾能為

小人也是所謂爾作法而人藝斂者也世有以勢敵勢弱者或以下（取下民字君字）

于強而至一出一反之相對則萬乘不能勝之于一介而其勢詘一世

有以分臨分尊者或以亢于卑而至一反一出之相尋則匹夫不能（限尽波濤方能作此語）

讓之于天子而其分亦詘蓋人心內惟恩怨之心最明難愚不與世

道中惟恩怨之途最隘雖細必爭故爾今日而推誠置腹然好行（微刺切至）

其德非樹德于人也樹德于己而已矣爾今日而深情厚貌紛然好

行其鄰非樹鄰於人也樹鄰于己而已矣彼君子所以取乎於絜矩
（會子不領不克領會）
而恕者所以勿施於終身意者其在斯乎而胥可不戒之哉胥可不
戒之哉
如箴如銘之文可以消融机詐可以警醒聾聵

出乎爾
考卷

出乎爾者　　徐斌

出不可輕昔賢有危詞焉夫出在乎爾受在乎人其勢不自出止也
誠念及乎此有足悚然者矣孟子意以天下傷心之事自我出之難
不以為快心方其快心也遑顧其他哉不知施或過情不慮受者之
不堪而祗慮加者之可慘身為民牧而漫然出之不顧其於昔賢垂
戒之旨亦罔聞已恐哉有司亦知曾子之所重戒者歟凡人有剝膚
之樂而不敢橫發者悍其後也乃自曾子言之以為所悍不在後而
正悍此發焉而不自哉之一時凡人有慘毒之為而不忍妄加者畏
其卒也乃自曾子言之以為可畏不待卒而正畏此加焉而罔所

歷科小題卓編　上孟

紹衣堂課

出題責馬服

之一念于是若立一婆娑之人于前而詰之曰爾若舉一橫逆之于此而警之曰出乎爾匠士豈無恩怨而勢非居高其出之也無力居民上而生人殺人意挾權以行其勢乃沛然矣故或慎重而不出則已耳一出而爾居其厚見德者幾何族爾居其薄見怨者幾何家將同任爾出之莫可如何者乎何以昔人悚惕言之止是責其出之者居恒亦有施予而事非當危其出之也不切擯危困而爲擠爲救勢載情以流其事乃惻然矣故或欲出而猶謹斯來可知耳一出而須汝視汝維爾之故怨汝譽汝維爾之故將曰爾所欲出竟如是也之已乎何以昔人鐫剝言之仍欲問之出之者蓋事幾之發乘乎天

與人而已出者之端前動此時人勝而天滅而乖訓之禦〻者一似人事之可患在此出（出者不反是無天道矣）天道之可畏亦卽在此出禍福之端存乎理與數而已所出之幾在我當亦衡理不衡數而告誡之皇〻者一似理之（斷世俗人彭哥君子不言數）所不勢在此出數之所以及亦卽在此出而惑者知出而不知入見爾而不見人抑知反爾者卽出爾者乎曾氏之言有司何不聞也

一出便不可復收一出亦不可復救人只從出後着疑則露下而意反不靈此只在出前警戒則下動而題面恰佳此題之竅窾也不得竅而貪吸下反樂欲速不達之病　呂晚村

總說得個出字便有個反字意在若于題後拖帶一筆則侵及

文矣惟此純從題前䎗頓而一入本位即如題然住正以善留處爲善取下也　鄒乾一

全意是明其反之無足怪本題但可言其出之不得輕要以出爾處說得透〻下面反爾何自不呼而起　姚襄周

割下題人以吸下爲工此獨在出前危竦說得未出時猶可挽回將出時十分閟係反呼下意然轉出者題面扣得鄭重下意振得凛然

出乎爾　徐

出門如見 二句 吳翾

敬以存仁者存其心而已夫仁者無時無事而不存其心也舉一出門使民而仁不遠矣告仲弓問仁以為復禮為仁者是即古聖相傳敬勝之學也心毋不敬斯存已心毋不存斯仁已恐懼之功由近而入至於希聖希賢而得力在庭除之際精微之學由易而造極於上明下察而托始在夫婦之端舉一出門而見大賓亦暫時耳如見斯無不見也舉一使民而承大祭誠重事耳如承斯無不承也仁者自不能無出入其間也素履而往豈必即有晤對時置一大人先生於意中則袢氣自不容以粗而視聽必以漸而精一出焉一入焉必容

齋而身客恭以為居處之常而已矣仁者又不能不以斯民為務也百姓與能豈必遂致非常時設一天地鬼神於目前則舉動自不容以竦而聲色必以漸而細或人焉式神焉高可鑒而卑可聽總此隱微之獨而已矣如是而出門自不易耳性情方有愧赧舉止自乖其常雖見大賓亦不違處矣造次不違者須於從容養之動是之頃而不遠典刑可知寤寐之求何時不容如是而使民亦自難耳神明少有縱逸恍惚不守其故雖承大祭亦不自持矣形聲莫必者還於覿闃覓之耳目之間而儼然俎豆可知無言之格何地不精是以此心一而萬幾一萬姓亦一矣此心同而人心同天心亦同矣易曰可與

酬酢可與祐神矣敬以存心之謂也

能寫出謹獨意與心廣體胖動容周旋中禮氣象沉着痛快更極

謹嚴慕廬

出門如

吳

出門（論語）　金和源

出門

江蘇學院科覆　入元和縣學三名　金和源

心閑其出轍于身之出驗之焉夫出門之偶耳正惟偶也恐其心與身而俱出矣乎故為求仁者計及之且學者游心安宅意必持其入而閑其出矣然止而不過者心也動而不居者身也古君子閑存繼至而一身所周旋可以不獲其背者未嘗不行于庭則安得謂心齋可以坐忘而輒矜言閉戶也（提筆是第一層）今夫仁固最為健之人所情為蔽身之固者也心與官恒相攝遞蹤偶然借以辨之衷之堅亂則官固載心而出也而官之所東正懋由止以驗行心與境動（徐引入）相關民滿其適家而變四達之樞機則心固即境而呈也而境之

所交何必不由內以達外是以賢關聖域隨其心所鍊而成于手傳折有度奚益宮亦自有往來之路入室升堂隨其心所歷而造乎其奧皆足觀趨步之間夫不有門耶求仁者當不徒徑出之也抗懷

英彩作作逼人大宜意巳含

而希尚友墻舜羹其一室中之神游門外諒雖素蕭斯即長此杜門退藏殊甚密耳然覩是矣志潛修而祇獨居以深念乎我知其抱膝長吟而聲出戶外者正有時樂足欲發而身出戶外也既未嘗從史而去蹤則久切景行常拘欲左而欲右側身而對聖賢左風右史一室中之默契門外羣此遙情所以長此閉門游息亦其學自然覩是坐忘久矣而祇宿昔以獨寐乎我知其不出戶庭而

人咸想望丰采亦有時易之以出而人皆樂聆足音也既不爭
奔走而伺候則心所嚮往益其獨往而復來于書作而戶有銘則（無意不搜）
門固非肆志之蕩然而出者渙象也夙昔庭除酬對家人之伺我
維儼至于出而環觀者未必相與環集矣則我與我周旋繼又三
趾高氣揚而俯仰既寬猶虞其素凜于立中者或且稍弛于屏閾（反正說來必與出數關會）
倚門歌而近于狂則門繼以逍遙之地況乎出者又動從以居恒
綢繆語對朋儕之接膝雖親至于出而接席者未必然而接踵也
則影與形相答縱不至形馳神驟而僉猝到此將慮其日夜于寢（眼孔放解開）
室者或且中斷于神行蓋境之會逢不一言門則萬境可賅而偶

七二　論語

關游行豈同于侍坐而請出官之作止無常言出則官骸無乇而
行踪孤了豈其必與讓于每門然而如見大賓則其心常與身俱
出乎是可以驗為仁者

攝取主敬全力于兩字與就題刻畫者不同乘矣而刻畫亦辯
讓其工　謝廷簡

空中含蓋妙能從實處緊粘故主敬意已該而題位絲毫不溢
不以放胆兩者兼之　張照溪

出門如見大賓　四句　唐冠賢

合敬恕以求仁，體立而用行矣。蓋敬以立體，恕以致用，內外之間
無容私之地矣。仁豈外是哉。且仁者之心，圓純一於內而流通於（高亡唐說入方見）
外者也。非有所存而自不亡，無待於推而自不隔，故精之可以審（此四句為仲弓下手工夫）
一己之修，廣之即以繹兩間之域焉。下此而欲求仁，則所以操而
存之、推而準之者，亦必有道矣。仁統乎心之德，心有操舍，則德判（根前註脚，回抱出上）
純爲。必防其外馳之失，而後可與天命相守。仁兼乎愛之理，理離（回新）
公私，則愛分通塞。必祛其內蔽之端，而後可與天下持平。此求仁
之道，合體用而兼該者也。然必體立而後用行，則主敬要矣。凡人（黄花則落理精法老）

欽香堂制義　論語

久放之心迫於勢而亦動大賓大祭其謹蓋不其然必至是而加
謹無論前乎此後乎此者之不可訥也即與見之承之之際亦不
體○驗○有○得○之○言○
自持矣又何有於出門使民也哉仁者之心無時不有所保無念
不有天觀任情之所易縱而格黍震動莫非全禮所呈而不必存
平○入○聲
慈○剛○制○操○縱○為○云
峻觀之迹一凡人欲縱其心浸所至以相勝出門使民本情所易肆
如○字○盡○出○入○先○死○然○分○疏○有○抑○揚○疊○亂
故必儆之若畏數不意臨在上鑒在旁者也無致慢也庶幾為出
為使之時皆知自斂焉而豈真有大賓大祭也哉仁者之心一舉
足而不忘一乞夫而能勝舉意之所甚便而寅畏嚴恭不分一息
照○御○處
猶間而豈同假設之形一如是而敬則無私之體立矣夫無私則中

出門如見大賓　四句（論語）　唐冠賢

純是精理

虛志氣既清明通所以裕公溥之量無私則中實僞妄不雜盡已

所以為循物之慾欲惡施受之間又可恕乎哉人雖至愚而於其

身所受病者知之必悉故以之鑑物則必精己之所苦而謂人之

所甘乎以己為準以人為的在彼之來者或出於無心而我之徃

勿字有力

程朱之理莊騷之文

者萬不可有意啡曰情順萬事而無情也於不情之中得斯人之

至情至情得而情漸乎愛人雖異體而僕以心之同然者情自不

殊故推以及物則必順己所欲辭而謂人所樂受乎以不欲為鑑

警言快異常

以勿施為防寧使人棄我於陽膜之外我必引人於同體之中非

曰我入萬物而無我也於有我之內得斯人之公哉公我得而我

欽差監制義　論語

漸無意斯又强恕之方所以達仁之用者戴戲渝馳驅之未絶則敬恕交關虧今始循鋭所發者皆妄而不真惟自治極於精嚴斯不敢行無禮以長其縱遂形骸爾我之未忘則所存者亦虛而無用惟反物乎於大順斯不求專一已而縱其流行敬恕交資體用各得以是求仁其庶幾乎

沉浸於宋五子之書而傾其瀝液牛毛繭絲之理金科玉律之文懸諸國門能易一字者以千金賞之　慶吏百

天朗日晶沙明水淨說理最上乘也腦中絲有纖毫紫翳則舌縱筆凜揩田出瘢矣　弟再遠

出門如見大賓

儲大文

易散者而聚之。出門一仁之寓也。夫出門、散儀也。如見大賓、則仍聚集而仁不已寓於易散之時乎。昔伊弓曰。仁為心之德。敬為德之聚。故論仁者。必先不敬。而神明所寓。易散而不易聚者。惟一身偶動為尤甚。故論敬者。不察於靜。必察於動。而尤必先察於一身之偶動。何則。勿貳以二。勿叅以三。此主一之敬也。（散渙聚二義。）乃觀之時行時止。而心若閒而二焉。又若岐而三焉。將何以純主一之體。其容不改。其儀不忒。此嚴肅之敬也。乃嘗其一步一趨。而修容者乍跌焉。整儀者已忒焉。將何以貞嚴肅之機。於出門察之。夫出門猶其

儲戚大中校　下論　友齋

暫也。然由是觸類焉。雖謂之出門有功可也。而豈得以其暫也而忽諸。一柳出門。或其獨也。然由暴比類焉。雖謂之出門同人也。而豈得以其獨也而忽諸。蓋天下之最不敢忽者。孰有如見大賓乎。當人所衆見之際。感人所不見之隱。意者惕恭震動。凡節性之具。將於此備也耶。而性則奚待而可第節也。殆不必拘之以趨中乘（是衆矣見）齊行中肆夏之與。而恍如為之介者七人而九人矣。為之擯者四人而五人矣。則夫暫見之與衆見也。有同感之者矣。當與賓相見之際。惕與心相見之微。意著精明張勵。凡定命之符。將於此驗也耶。而命則奚待而可節定也。殆不必限之以周旋中規。折旋中矩

之地而儼如進且登者三揖而三讓矣饗且食者九獻而九舉矣

是賓相見　出字刻畫

則夫獨見之與相見也有並暢之者矣是故及爾出王及爾游衍

此心之所爲釋茲念茲即此理之所爲曰明曰旦也而馳驅戲豫

之念且安自而顛也出入無疾朋來無咎吾心之所爲舍而必撚

又即吾心之所爲剝而漸復也而朋從往來之私且安自而入也

起居作息敬在是焉當以見賓爲入虛有人之戒藏修息游仁在

補圓

是焉當以出門爲爾室不愧之功而其前乎此者外乎此者胥克

聚吾德焉可知矣盡後察之使民乎

即一句寫出敬字全身又却只是一句　劉月三

徹而能顯。深而能淺。析理而能舉典。此境殆未易到。王澗階

暢發隨處皆徹之指。而以靜處亦敬意圓之。滴水不漏。張泰天

出門如

儲

出於其類 二句（上孟） 宋懋春

出于其類

福建丁宗師科 宋懋春
考莆田五名

先王同未求，六瞬可見合六代，同在類与華中聖人非求異心而自有異
者凡從不已皆然哉引有者之言曰嘗嘆造物甚公也而反若獨私
以使之公異于天下吾欲于異之中求其異而即于同之中辨
則夫天之位置聖人与聖人之所以自處者等之恒流蓋其難也
類于民則是川嶽之降雖自外于等倫也而豫者流可上擬于
請也何以往古迄今為人也不勝紀矣一有神哲生其間而舉世
為不可及是以聖人之長絕于凡民与凡民之樂遜于聖人哉
類也而有不齊者存直出于其類耳於形而后貌言視聽均不得樹
人以所等惟有什佰千萬衆之姿态能殫其才力聰明先群生二六有

之命夫秀頑共與氣質而其人々亮殘自々遂為千古倫類々彷々々

々費麻物而罔者大概然賦性之初秉彝懿好均不必讓人以所

殊尤無絕之傑為非識其心思慮意后天地而存一日之真夫

必同與降衷而其人之克盡々否遂為古今品類之彼殊聖之邁群

出者大抵然矣因是知人之絕遠于聖也亦非為凡庸已耳居

與斯人同處出則與斯人同儔然々一世相頤祗儕等夷求其稍自

擬不可得知罕出類之聖于羣中當必有大異焉者羣奇偉之材

不自表于來俗然得其偏秉得其全也縱或崛起一方差堪卓越近

而與聖人焉々則々然下矣々以聖人者出而由鄉国以及天下欲不

歟與歟可々者乎吾得即其克合振拔者而睨群聖之所々

同羣好[illegible]也[illegible]迹于[illegible]偷然違衆逸求騁其極[illegible]不[illegible]

俗稍能奮異途而[illegible]聖人爲徒則相然沮矣是以聖人者[illegible]一日

至可生或仰止其下焉況同時聚處者乎吾得即其生而同時者更

聖之所以異惟我孔子洵莫與京矣

作而截講而出拔類萃等義能字字的確不爲模糊影響由看書

至其手寫群聖眼注宣尼極不紊拂之款而是位不失尺寸

惟爽以而足快心

出于其

宋

上孟

出於其類　二句

福建丁太宗師科考莆林　蔚子方
田縣學一等第一名

欲尊聖之者無非聖而言其異焉夫因類而為萃盡人周乎其中山之拔之此則羣聖人之異耳令夫天壤間盡人也盡人則幾疑而共處者或得以存齊等之觀矣然而人之生也以為同則遂至言其異有時合羣倫之衆不得不震此數人為難我即此數人豈必無區別之見而要之歷溯前徽同均嘆為神靈之莫尚焉也如聖人之於民既謂之類雖然類之為言等之也我思聖人者丞之稱其狀于尋常也甚苟竟以類而概之將毋造物之誕聚莫別而身居斯世未免與流俗為浮沉耳而聖人烏乎異顧聖人與民纔可以類言也其實惟小類焉乃至此天下無人不在類中而

寄園試艸

評

求其超于類者恒不多得何則以其孟生于類而無奇也若乃同此耳目同此心思既有形矣彼悠悠者所在皆是也而有人焉獨擅貴等若視聽言一一克踐于成形之後似乎上帝專畀以殊尤之貝而莫與京者試綜往聖而上之蓋靡不然也其斯為庶類之卓越大下有人日在類中欲降而等于類者亦不可得何則以其雖一于類而自殊也是故均此知能均此行習既有性矣彼庸庸者何論也而有人焉獨標傑出之英肅乂哲謀一一能全於吾性之始似乎氣數偏厚其篤生之權而莫或吝者試合歷聖而徵之蓋靡有異也也為類之冀矣乎噫夫人惟囿于類者斯幾由表見耳善哉[illegible]豈聖人于儕俗之間必非泛泛焉與斯人為伍

彬出
對人。

因出於其類而拔乎其萃也。天地之聚才有數。或鄉國而聖人處焉。或天
下而聖人焉。人須臾長子名。嘗自見于萃合之頃。而一經聖人與
之較。遂不覺爽然失也。益有根乎其上。則凡為其下者。皆無足觀耳。
聖人當此形之日。即令麛處遐方。而仰其巖者。自遥而企之曰。
其克自振拔者也。而况乎同地之與居哉。古今之聚才無多。或一
而聖人處其時焉。或曠代間而聖人居其際焉。彼具偏材者。名
皆傑出于羣萃之中。而一自一人與之絜。遂不禁抑然退也。蓋有巍
干前。則凡在其後者。拙無以數耳。且夫聖人自盡性之餘。即令世
遂人。湮而聞其風者。猶遥而慕之曰。若固能自超拔者也。而况乎同
時之並處哉。要之綜而計之。出類拔萃。羣聖人誠異矣。顧其中有龙

寄閩試艸

畧者我竊遊洙泗而仰止從之

出類卽頂頂亦類也來後筆又就出類看出截作兩層具見分曉

其細心亦亦氣揮洒自如竹兮爍手柔之樂于方天姿學力久為

吾黨推重一鳴驚人誰云一章無定價乎　師李生

兩句相推而出擺勢最得要領類萃疏解筆筆貼切我於土

圭測景不縮不盈文家宗匠允推之矣　師公開

出於　林

出於其類　句

陸毅

歷羣聖之異、不剁推一聖、故焉、夫出類拔萃、羣聖人皆然、而要未溯我至孔子者、不可以明其異乎、述有若意謂天之生聖人也、固即在天人之中也、則其不孤立於兩間、亦已明矣、然吾謂人之聖者、雖日與毛民但一、如離羣而索處焉、聖之至者、雖日與羣聖俱、亦如離羣而索處焉、何則、為夫自一人以外、舉非其匹也、故異甚也、則曾是聖人而亦於民、民類乎天下、惟民與民、恒相類也、即小相萃也、使聖於其類、則亦團於其萃矣、而正不然、凡物之同類所生者、大率稍稍騰焉、丰采使不甚常矣、況聖人與、即聖人與人並生、

方由由然引為一體而其類自不能容也不能容則駕而上之矣雖
人才之中無幾有與人焉可也凡人之羣萃而處者夫豈皆等夷也（雜昔）
知有長越樸人已卓絕矣況聖人與即聖人與人人處亦坦坦乎
類然萃而其萃自不能匿也即能匿則越而軼之矣雖謂萃之中
者聖人焉可也嗟乎人品何常之有今試執人而較盛衰之數
乎抑出焉者盛乎萃者盛乎抑拔焉者盛乎此不待辨而知
稱之民有類聖亦有類民之類智愚合者也其出之也易聖之
（紛出發於力故高之）
兩智不測下也其出之也雖民有萃聖亦有萃民之萃賢不肖總
者也其拔也且萃兩賢每相厄也其拔之也難而吾乃嘆孔

予之盛為不
子之盛於羣聖者勢非遼絕也所爭亦甚
孰知此其微
仰止也自歷代傳心以後必推絕學於
微
追○千古久已無同調矣豈徒歷聘轍環嗟一時之寡和而
末三○句○備○錯○綜○極
尼
子之盛於群聖者非盡關人事也縱之亦在天耳孰知此
已
耶
不輕授受也自因才賦質以來獨鍾秀靈於東國則落落
矣而卻步矣豈但匡居絃誦為吾黨之一人而已耶以云生
誣也意有若之尊聖如此孔子之所以異哉而吾頗
又烏容自已也
名論疊出妙解如環其微岸不提處直堪自著一子○會同考張評
暢雄新穎 上孟

出於其類 二句（上孟） 陸 毅

鄧八龍新稿　上孟

闡講得此奇論。已是胸有成竹。目無全牛後。便一筆揮洒。絶不犯

蘇文忠作昌黎廟記。起手便得二句。出通篇更無難處耳。

生乎今之世（中庸）　王　潆

生乎今之世　王潆

人之不能不今也，自有生而已定矣。夫生不能違時，人不能違生也。生今之世矣，且奈何哉？且今之號為曠逸絕世之士，多好為夷然不可一世之韻，曾不思彼之得以夷然而不可一世者，以其有生也。彼之得以有生者，正以其有夷然不可之世在也，吾且休矣。今之世大矣，生而定之矣，皇而帝，帝而王，遷流而有今也，以為風會之日下也，此矯誕之論也。更千百年之后，又何如其下也耶？故謂之上不可，謂之下不可，止謂今之世而已矣。忠而質，質而文，循環有今也，以為文明之日開也，此附會之說也。更千萬世之后

（繇云亦而醒）（從古之道倒入）（對稍不親切，姑取其筆勢）

又何如其開也耶故謂之塞不得謂之開不得止成其為今之世
而已矣從環海內外歷數以至於我我不知幾億萬衆共生共育始
成一世宙也而我於其中僅處一焉一何渺也從玄黄開闢歷数
以至於今不知幾億萬載相生相化始得有今日也而我於其中
（直遏下句）
僅處一焉一何暫也而且遊心百世之上而且遊心百世之下而且極
（忽然收轉）
思綿想恍若旦暮遇焉者反而按之視聽猶故也持行猶故也且
安能出宇宙樊籠之外乎而縱不為運會所格而縱不為時勢所
拘絕世離羣恍若皆醉獨醒者反而觀之日用猶人也倫常猶人
又
也耳同焉在大造陶冶之中矣其夢寐徃聖而不得親也一似失

常愚賤○

迂濶之資縱窮學問之功而不能變者然○其東西南北而無所復

若此則何以為孔

之也一似夫韋布之身○獨抱經濟之心而不得試者然○吾將奈今

予○地

之世何哉○亦○為○今○世○之○人○而○已○矣○

苛縱逸蕩○似學歸震川雖聖人有所不知篇○縷太質

跡宕之氣○得之南華○然微過于譜○不免似近生斯世也○為斯世

也語病○

生乎今　王

生而知之者 一節　王恕菴先生

夕生外註俱到

氣質有等聖人通論之以娓夫不學者焉夫生知學知不上也分而困則又有次下之異與與不學異也論之所以深惡夫不與者且天之在人者無幾天之在人者終未絕以次自委者往往絕也夫人而可不從事於知乎至理散乎事物而吾心[illegible]慮衆之凡可與知者皆待起而有功人性之所以為貴也造物亦分清濁而以斯人之氣稟承之凡在乎受者必能變而為一等類之所以不齊也蓋有生而知之者神靈天授不藉耳目以求知而自無所不知生焉者首出亦知之境已絕也上也不學而[illegible]也者

○心所寵必藉耳目以求知○而亦可以無所不知敏有以持矣知○

之途甚寬也故也一途至于國上懸絕于生次矣雜希夫哉不几矣

下矣乎猶未也不必問其困與不困而但問其學與不學心蔽于

多矣○蓋思之心思窮年苦索以求通從學則不誠困矣哉也○

誰○知也○吾亦將以其次作之神昏于不用以鬼然之形体一無○

所思以終日愈不學則愈困矣絕無望于知也不謂之下而誰謂

也○下○與○上○之○相○遠○也○判○若○天○淵○馬○得○不○思○猶○有○困○而○學○之○者○下

與次之不甚遠也登如階級馬奈之何甘心不學○下

此章正說言人之氣質不同大約有此四等則與中庸

之一也○神理各別○中○庸○是○就○困○之○下○人○極○盡○處○而○言○故困知之○

到生知地位○激動哀公○此○就○氣○質○而○論○苟困而能學○猶得為次○

困而不學○斯為下○矣○添出下矣一等○所以深惡困而不○學者○尚

為下愚○不學而言○以警惺中人也○且句文是言困而學○之非言

困而知之○語○氣○迥○異○不必以外詐及其知之一也意為主○余謂

拈以○識之非敢言程也○自記

論義○理則天已合賦○于○人○有○何○欠○缺○論○氣○質○則清濁純駁○亦詩○

各○有○分○數○故○分○四○等○此○章○單○以○氣○質○言○也○但夫子舉以為言○自○

不○是○空○刻○差○等○便○是○為○困○不○知○學○者○鍼○法○出來

補程墨質疑集　　生而知

于閫外以補之此文平列四項于困之學不學畧讓而勉
人向學之旨即寓焉守不到之中此理到而格行隨之也提以
義理陪起氣質結為下等激厲以盡斯字矣字之神尤為動中
天則大全饒氏講以氣質言之只有三等若民斯為下全是
人事不盡此雖亦側重勉人向學之意然于氣質分上却未分
明愚意未知是氣質清純不消說了學知則清純分數多昏雜
分數少亦易見惟困而學與困而不學雖同一昏雜而困而猶
知學者便處昏濁中尚有一点清明偏駁中猶有一点純粹處
不然如何既窒塞却求通也其困而不學者便是昏濁中並無

一顆清明偏駁中並無一點純粹處不然如何一樣窒塞却近
不求通也是學不學即其氣質為之孔子嘗道下愚不移困而
學是可移困而不學是不可移此朱子所以分四等說也但程
子謂人自不肯移纔肯移自無不可移此本文斯字美字絕非
空空嘆惜而勉人之旨即在其中也作文第一要还四等氣質
明了而勉人向學只于言中言外見之若徒重學字則餘意反
勝正意矣諸卷畢竟發餘意者多發正意者少以正意平雜于
生哥而餘意側易于見巧故也即重學字為困而不學者說
法亦只當在下手用功處言不單重知之一也之意使一字

實文次下矣之語氣更不分明知此或提學字以撫着尾可也倒提不學為下以逆入上三項亦可也更或提過生知以起學字而于不學再作頓挫亦可也惟以上下对說提起則中二句雖一不學字对中兩學字而于困而學困而不學處分界不清襍策未紧則可不必也合观西江全墨各盡所長而元魁尤窮奇盡致不合法者甚少非主司服朋見定安能如此盛選

生而知之 一節　姜泰禎

知之必其上也惟無自棄於下而已夫生知未可懸期也即學知困學不失為次奈何以不學而自棄於下哉嘗思天生人而均此能知之理不盡乎以能知之質甚矣天之困人也然而天未嘗以限人也其全乎天者天之所優我何恭焉其盡乎人者我所可為天何禁焉惟羨乎天之所偏而不自盡其所可為斯終下無能為而已矣吾今為天下懸一級之途而欲人之無慕於上也惟無慕乎其上而功力所積斯可與上焉者相參吾人為天下則其知之等而欲人之無靡于下也惟無靡于其下而變化之能斯不至與

一焉者相遠夫人之有志於知者豈不曰吾欲其不學而知焉者〔似○非○不○學○一○可○能○其〕
斯為上哉夫不學而知其必生而知之者矣在生而知之者非必〔非○不○學○而○能〕
謂無假乎學特其生焉爾已可以不學雖不學猶學也然誠天亶
之獨絕者矣抑生而知之者未嘗不更力于學特其知焉者又獨〔闇○然〕
異乎學雖學如不學也此真神靈之者矣吾推而高之曰上〔將○不○學○一○古○翻○出〕
也誠謂其不學而能知也使非生知而天下有可以不學者乎非〔學○學〕〔從○生○知○說○起○學知〕
生知而不學而猶可為有知者乎且知亦何必其生哉有學而知
之矜矣方其學也亦自慨夫生之不逮而殫其心焉畢其力焉其〔帶○起○下○學〕
視上焉者不已遠乎然而未嘗非知也次也而未為下也即學亦

生而知之 一節

江西 夏以澐

聖人不敢以生知概天下、而深為不學者惕焉、蓋學所以廸吾知也、生知固〻不學斯下矣、人亦弗憚夫困知而可幾于若曰、生民亦甚不齊矣而生質因之大約天事居其半而人事更過其半焉故古今之天可以人挽之而古今之人不得以天限之久矣（勢雖溺）夫學之有專責矣而世之不學者徒〻有辭焉謂同奉一理以為趨人不勉強以圖（生知者乃從不學者看出奇文橫出）彼且從容而喻雖由勉之力亦自有幾安之候然而其塗紆矣則是（館到學知）從容者自其賦質而已然也、、生知也執一道以求解人艱苦而憂其鮮通彼優游而反能有獲雖刻苦之後未必峯得甘之時然而可畏（館到困知）

甚矣則是優游者天之生是使獨也上也夫謂生知為上吾何必不

○落○下○別○樣○風○流○

謂之上哉然而遙遙宇宙流風靚與嗣也落落吾徒此諸殊鮮覯也

○飛○舞○　○限○法○未○分○

獨不曰有所為學而知之者乎學則自度其質亦猶人決不敢以玩

○閒○詩○下○落○句○是○其○爲○也○不同他処○神采

惕踰時着置身不肖之域故疑日積則悟日闢而古人通譜寤寐焉

其知也晚世至生知應不在中人以下矣更不曰有所為困而學之

者乎困困不敢以多智上人亦安忍以虛糜歲月者卒等下愚之歸

○原○評○跟○上○知○說○下○

故力日奮則識日進而精神見諸淬厲焉其知也叔世至生知亦不

○又○字○方○有○着○落○

涉於中人以上矣而奈之何有困而不學者人生耳目手足四體各

○說○理○精○采○

有其材爲氣稟之所拘者皆為智勇之所能變而彼不知也棄其身

原評：施異采何處得來

貌言視聽五事莫非其器凡爲物欲之所蔽者皆爲學問之所能化

原評：不知不悟是不學病根

而彼不悟也高生知之名爲薄學知于不事而卒至身敗行藏爲天下笑吾道中亦安賴有若人乎一困如是民斯下矣故君子不憂學

前絶

術之難成而憂志氣之易敗固未有自奮之基而能強持于不成不

撮策有力

敗之間者不慮聰明之不上而慮立品之或下固未有致學不力而

原評：斷爲二字喚醒嬰何啻暮鼓晨鐘

能中立于不上不下之介者彼生知者幾人哉丘惟是切切焉考夫知之序別夫知之由然後肆力于學之一途而不甘于久困也則幸甚

富菊華饒竹實一切香艷何足道也 主考原評

他人注末句只隨影見輕重耳此獨慇從不學者意中看出空知者來愈覺學困之苦而安于不知不悟矣首尾圓結精神一片神技也汪杏村先生評

冷然御風飄然仙飛筆則猶是也乃出落的精神瀏樣的風流

安困而不學二小比古采斑文亦自精於說理　蔣梅士

生而知之　一節　　江西 涂圖 三名

由生知而遞詳其等，惟不學者無與于知之數也。夫人不皆生知，而學知困知，究亦不失為次。人其可不學而自居于下乎？且天之生大聖大賢也不數，而聖賢之緒卒不絕于天下，則以其人皆扶可聖可賢之資，甚不欲以庸人自處也。而或者甘于自棄，遂以為大聖大賢之事，非我之所能為，而苟焉以自止。夫苟焉而自止，無怪乎天下之多庸人也。嘗思古之聖人，既具聰明睿智之才，復擅徇齊敦敏之譽，其得天者既已厚矣，而又慮夫天下後世不盡如我天分之優，而知之一途將隘而不可為也，于是使天下之人相率而群勉于學。彼其

氣搏題　既丁昇　壓累古文大家　原評荷

鄉墨精　下論　乙酉科　聚日堂

○生○知○句○拟○起○下○三○句○故○作○波、宕

意以為天下不必盡生而知之而隨其所至皆可無慮于不知而况

○落○法○便○捷

生而知之者之原不多得也哉窮神達化之事不啻心通造化之微

○頓

神明默成之功猶超言思意擬之外斯固負然卓絕于人區者也上

○妥

○故○作○跌○頓○以○生○波○瀾

○入○學○字○有

也一夫人不皆上即下馬者雖絕遠于上亦可遁居其次而學之一途

○力

乃日趨而大有功然則繼生知而起者其惟學而知之者乎天能限

我以知不能限我以學蒐羅廣矣即詩書自長其神智古有千里而

、淡、蕩、爽、爾、

一聖沓正不妨百里而一賢也次也而其繼學知而起者其又困而

知之者乎天能困我以知不能困我以學刻苦至矣即聖賢亦畏其

○原、評、處○

精勤世有一涉而即得若茲不妨千慮而一得也又其次之信若是

（六相題行○成趣）宜乎天下之人即絕遠于上亦可遊居其次而頤有甘為人下而不辭者何哉此非困之過困而不學者之過也（亦用斷入）不學則疑之心生疑乎（摘見生致）聖賢之無可為也儕伍中即有蹶然而興者展如之人方且遜謝不敏也不學則畏之心勝畏乎聖賢之不易為也儕類中即有奮然而往者彼其之子亦將謙讓未遑也夫猶是民也而斯獨以下稱是所（一題總無呢筆）謂而罔之棄人聖賢為之惻然憂心憫其愚而傷其不學也夫自暴（古文波致）自棄之流既不足語于大道之精微而神靈絕物之人又不能比肩（本旨收結）接踵而生于世也則所謂啟其知而救其困者舍學奚由哉

每處必用波折不肯一語直寫題目遂乃意境非常武淩山陰巧

折造化。性杳御先生評

主司評云全是灝氣流轉乃流轉中故多作頓跌之筆更猶之筆以取姿取致惟其心手相調遂使題之窾會順逆鉤之無不欲而出蔣梅士

生而知之　一章　江西　傅昂　名四十

聖人不以生知望天下而深為不學者惜焉夫民之所以為下以其（大才了然）不學而下之非以其不能生知而下之也學焉困焉皆所以求進于（承、知、用、例）（傳承上字以策）知也豈必曰生而知之也哉嘗思天下舍學問而外別無所為上人（下字奇）之術是上之名為學而設也非為知而設也顧人之以知為詞也久矣則不得不于知之中而區別其尤上者焉非謂有一上者而其餘皆不得為上亦謂有一上者而其餘猶不失為上也則上之途未絕（不上為下句）（人皆是數人學以求知）而人自絕之也今天下之所最貴者莫如知而知之所恃以進者則（妙解）（妙解亦奇極靈）有學天下之知皆生于不知則天下之學莫貴乎學人之所不學能

鄉墨時　下論　乙酉科　歌日堂

上○字ゞ下○字○背○是○把○定○

如是多亦上矣頑責人以上而人有詞矣曰吾質塞下也嗟乎天下

一○語○把○到○首○見○

豈有生而為下者哉天下無生而為下者又豈有獨上者哉必曰上

○音○句○飛○小○　　○遺○句○

也其雖生而知之者乎我非以其知而上之不能不以其生而知之

○幽○罪○

而上之則上之名固生知者所獨擅也乃我以其生而知之而上之

○仍○用○晉○

非以其知而即上之則上之名即生知者亦似有天幸也蓋天下之

○語○以○下○古○說○新○又○　　○不○易○一○字○大○六○大○

所最貴者莫如知而知之所恃以進者則有學天下之知皆生于不

○府○

知則天下之學誠莫讓乎學人之所不學不以知讓人為有恥不以

遠與○華○俱妙　　○勢○徐○掉○奇○乃○精○微○誅○

以知讓人為恥非其所恥焉生之途議而知之途廣以生知讓之而

彼將不彌以知傲之矣而我不能上人為有志恥我不能如生知者

之上爲然志爲上之名孤而知之理寔以上推之而我將以知追之

三貝舍學何恃乎舍困而學又何恃乎今夫學者天所以開修士之

（年○○異○筆○○透）

路而困而學者尤天所以堅修士之心學者修士所以與生知者爭

（刺○世○之○句○黄○猶○出○之）

哉一知而困而學者尤修士所以與已爭哉一知故學知者之知天

（何、意、乃、能、寫出）

猶將進而分其功而困知者之知天獨不能進而操其柄亦可與學

之有可恃而困之大可自立也夫一知也生知者取二焉學知者取

（詞、與、意、俱、刺）（济、社○大○奇）

一焉困知者又取一焉似乎由上而次由次而下矣乃生知不虜而

知同吾不惟不敢等困知者于下且將進困知者于上曰困而學之

（真○緊○上○乎○篇）

以視學而知之者均之稍遜于上而猶不失爲上也特次之云耳天

鄉墨時　下論

鄉墨畔　下論

呼應捉串流轉斷字出

下莫有生而為下者歟困而不學民斯為下矣下以其不學而得名

開合

非以其不能生知而得名故困者原具可上之路而不學者自甘居

下之心乎然則何尤哉夫人所最貴者莫如知而知之所恃以進者

勇騰以為章法

則有學世固無有生而下焉者矣彼不學者而能學乎青開目以上

青見抱定見不放手

之途望之

新門別蹊絕不足新豈舊卷然所云下者莫不可以上焉莫不望其

上則眼前道理是奇文非奇語　汪右樵先生評

是其取徑異出筆異造句異人之所同已是所異翻構思時看

所得源之始道至所至至乃提筆赴之以有此異文也　蔣梅士

生而知之 一節　陳賞

知不必皆逸、人慎無以逸誤也、蓋逸獲者其人已優乎上矣、等而求知、豈槩無道、獨無解於不知者而又好為逸耳、夫子蓋欲中材以下者、皆進于知也。意以為今天下有聖人焉。群推而上之。以為此神悟者。難與等倫也。然下此而求之。豈遂庸人哉。貿不等于庸人。志不甘為庸人。其窮究皆可為聖人。人自為庸。僉謂天下上有此神悟者。難與等倫也。夫而後去聖人遠甚。然則品第之目趨于下者。其天乎。抑人乎。今試與人論之。三才並列、而人獨處乎中處不得謂著察者在氣化。而昧曠者不在性命也。是天地且不能以

然運者、獨擅于其上也萬物皆倫而人乃異於類蒙可知蠢動者在異類而稟明者獨在人心也是斯人亦何致以庸愚者遠入于

以跌出其次來

常入下字却用

下也由是而有生知者由是而有學知者且由是而有困知者苟

點上字即挑其次

其知之何必皆上也就令生而知者為之上學而知者亦不失為

反跌下字妙

次即困而學為猶不失為次苟困能學寧遂為下也夫程材樂于觀多而衡品亦或取少生知則固少矣以視彼多焉者得不憂然自異乎然竊謂少者難期無寧多也且將令多者之日益于其少

注定本句

也學而知者多于生又不若困而學者多于學夫使舉世皆困學世皆學天下皆得與于知其為凡民也較少矣求道先勉其難而

取資備賞其易生而知之則已易矣以視彼難焉者得不迥然獨
絶乎然猶慮易者之英特無寧難也且將令難者之漸底于易也
學而知之者難于生并不若困而學之者之更難于學假使斯人
能困而學天下猶得以困知者勉而幾于學其登上也亦一間矣
積醒斯字
縮上三等人
是故民而下之非偶然也質既凌遲于天亶智復不等于英才預
此什百千倍者猶惴惴然畏以為難也夫吾道本有是可知之途
徑而輒誘于天事之難幾淺知其非天之故也然則民苟不安于
為下者之猶可望也上哲不可為中材不能及惟是懵懵然困心
衡慮者可殫志以相求也夫吾道固有此求知之次第而欲謝于

○○○生而知之　一節　　江西　陳士垓　名十二

即上而遞推之而知民非生而為下也夫人亦弗貴乎知之耳生知
上矣學固者即次焉苟非不學焉得目之為下歟今夫天生下民知
○原○評○蘇○門○長○甫
之不可以已也則學之不可以廢也知學之不可廢民所以不終于
○鄭○有○瑤○讀　○拘○折○有
下而漸近乎其上矣至漸近乎其上則上之名可以不立抑亦不必
○前○
不立奈何安于賢之所弗逮而不勉以力之所可為但沾沾然曰吾
○入○奇○　○入○神○之○妙　○原○評○摂○末○句○似
安得知生而知之者以上人哉夫欲上人而必尚恃乎生知則不特
○取○下○字○神○妙　○策○勵○不
視學而知之者下矣即視困而學之者而亦下矣由斯見也何以窮
○學○爭○定○此○章　○直○取○不○學○字
天下之不學者而俾之無所諉其說何以策天下之不學者而俾之

御墨嘒　下論　乙酉科　　敬日堂

用前人恰好
有以作其氣自爲論之生知者人之所貪而天之所靳非靳于生知
也不能多予世以奇異之資而已矣不生知者愚之所苦而智之所
岩甚刻苦
樂非樂其不生知也正欲因以出此身于昏蒙之地而已矣是故知
且安頓佳
之途甚寬而有一途焉爲民所不數數觀者莫生知若也上也且夫
波瀾頓生
生而知之者亦莫能容精于學乎義理之昭著得于氣稟之清明優
原評例拈學字說生知即帶生知果勇學問斬是奇警
游之逸獲矣而仰焉未嘗不觀于天也俯焉未嘗不察于地也中焉
之筆　學字亦說得謹　二語又開下
未嘗不究極于人事之紛賾與古今之變蕃也學則其所知益大學
兩股奇　攙學字好
則其所知益精大抵然也然則學也者生知猶不廢焉以益大其知
而彼所知之淵而不大與欲大而不容昧昧若可知已且學也者生

知猶不驗焉以蓋精其知而彼所知之器而不精與欲精而未免格
袪着抑亦可知已（虛字抑佳）果其學而知之缺則第待于學者知矣而徒事于
學者既知矣亦不敢不以為知也（句妙）次也固不啻上也（迥絶）即或困而學之（虛字佳）
缺則一無所困若知矣而困而难通者亦既已學矣愈不敢不以為
知也是又其次也亦何不可上也（原評一笔直挽到起講）乃若上焉者既不敢望而次焉者
復不能齊而終其身于下民之列豈天之困若人者獨甚乎亦惟困
而不學之故（從下字例出困而不學妙）一人生之明睿半生于愚魯之中必謂抱奇資始有奇悟
則莫分過人者今之日何以不皆名流乃知上者自上也一而品量之
懸殊多出于意料之外（不上則下各由立志盤句神情百倍）必謂賦庸質定爲庸人則艱难抑塞中晋之

生而知

日何以不忌智士乃知下者自下也（總是妙語）然則可上可下之間其中人之（陳壯[illegible]）所處乎夫苟由次以漸進乎上則知之不可以已而學之誠不可以廢也

句句險字字別而稍一筆離其宗才子才子　汪杏邨先生評

倒從末句振入生知字上字甚奇即從生知字上字挈出學困字借挑下字正取不學字又奇更拈學字說生知還借生知勵學困更奇學困服末迴縮上字直挽到起講上字愈奇奇而險奇而樸其妙待不絶世也　蔣梅士

生而知之　一節　陶成

學乎以承天而棄天者乃絶於上焉。蓋生而知之者全乎天者也。學與困學已為上之次。藉非不學如下愚。夫豈絶遠於上哉。嘗思天以知覺佑下民。本無此豈彼嗇之異。乃賦質非齊。知愚迥別。即天亦難使之一致者何也。則以天事僅處其半。而人事之不盡。天亦無如人何也。（雅談自合）（提明大意最為精爽）今夫可智而不可愚者。上天生人之性也。可智而亦可愚者。上天生人之質也。予之猶齊化其顓蒙。使之漸遠於愚。以同歸於知者。（先容二句）聖賢復性之學也。故上哲擬生而學之事以立學。之事立而凡民可以與知。（即收轉）然豈無其等者哉。天若逆慮夫人之不可以無知也。（此句打動末句）遂早誕夫繼天立極之一人。以發萬物之蒙。而畫卦敘疇。皆神明於天受而

非人力可預其事天又若逆知夫人之皆有待於學也而僅逮夫代（此句串起中二句）
天敎民之一人以作萬世之師而著書立説皆原本於皇降而非人
力可參其秘吾為尊其請曰上明乎知不必生而生知者特其上也（劃出下二比）
自是而後而人事日起而有功矣故有學而知之者氣不必其極清
也質不必其極粹也假之察識得之引伸雖或讓其生而實無歉於（廻顧）
知也次也有困而學之者氣已遠於清也質已遠於粹也需於創艾（找足知字）
底於研幾雖究歸於知而始分離其困也又其次也凡皆所以善承
其天而人事日起而為功者也則夫人而克學天盡欲其奉教於上
智以導殉於知覺之途也而奈之何有困而不學者氣已無復有清
之時也質已無復有粹之候也而甘於昏惰僻於勤求曾困學之不

若而安能上幾聖哲也民斯為下亦職不學之咎耳豈天之獨嗇夫是人也哉以是知天之牖民無已也明以不齊之氣質待乎人人之各返其天而人亦可補生質之憾抑以是知天之警民亦至也明以變化之微權責夫人人之自復其性而暴棄不關厥賦之愆吾願人之善承其天而勿自安於下則次與又次均有與於知之數也要上之是鶩乎哉

總收二比[illegible]得聖人第[illegible]勵神情

如題布置不事矜奇而醇雅雍容翛然塵壒之表

生而知之　一節　　江西　張芝宇　四名

知有其等恐難為不學者言也夫生知上矣而苟能學之次亦上也彼不學者烏足語此今夫人有各得乎天之理即有各受乎天之分有各受乎天之分即有各盡乎天之功益勤苦者皆有能見其天之則彼昏怠者必無得與于理之數也何也自天下有生與學之兩途而人之知自此合自天下有學不學之兩等而人之知自此分益有不學而無不知若是所謂生而知之者也天處其全而猶黽勉以大其力識幾于化而猶居稽以廣其傳一知已無不知也上也上固上也然有學焉而始能知若是所謂學而知之也未知以前不必辭其

紆折既知以後何必問所從來其知幾無異知也次也次亦上也乃〇不〇說〇上〇字〇
有極慮以生其知者是所謂困而學之也皦乎其若思功以久而不〇廉〇許〇云八〇
轂茫乎其若迷神以奮而益生知不終于不知也又其次也又次猶
〇馬〇雲〇甲〇何〇怨〇際〇跡〇
然上也無何竟有不學而終于不知者是所謂困而不學也資未列
于中材而苟且相安成何學問質本近乎庸衆而甘心遜謝寧有知
〇一〇路〇徽〇出〇斯〇字〇　〇透〇發〇
能則亦自畫于凡民而已矣以此為下斯為下矣吾于是而知之之
〇大〇意〇文〇瀾〇甚〇雄〇
一遂原以有所慕而得益自山川之秀英能孕鍾而上哲之英幾疑
〇脫〇中〇自〇作〇波〇瀾〇
天之生是使獨也然而其名甚可慕矣跂予望之學寧可已迨學之
既久則相近者吾知其必相合也相遠者吾知其不終離也學日專

至則知日高明學益粹苦則知益情卓試一返思乎未學之初而覺生初之識見殊不爾也則造物之遲我者已非一日矣吾于是而知學之一途更以有所鑒而成蓋自然誦之夙久矣無閒而岀之之祇幾疑適滿家區矣然而其名甚可鄙也憤而與之學豈能忘迫學之既至第見淺者之日進于深也亦深者之進而益深也鄙陋漸移則學有成效名數可樂則學有新机為一追憶乎始學之際固早知今日之意解必至是也則人功之補救者為不少矣然則學之不終没其次與又次之名者取法乎上僅得乎中也乃學之猶幸有此次與又次之名者恐不得乎中必出于下也入何可以不學也

後背絕歷

原評有所發有所發二義正是為中材說法

直是知到生知者之知

又淡來消之意

下論

生而知

張

論

生面獨

環流界練晤景張弁捫竜選勝斯為奇絶 主考趙原評

苟不求知所學何事故知此影重學字尤覷不得知字也處處皆

定知字最為有見 汪杏卿先生評

意味灑然神韻清絶司衡氷雪之胸水鏡之眼那得不針芥投合

也 周其蓮

整立四柱部署分明合詮二仗一自上說到下二自下說到上于

中自作波瀾別領神味上固上也次亦上也又次猶然上也入

只知其迴抱上字不知其順溜下字都是為斯字逼取精神也灵

慧天生 蔣悔士

生而知之　一章　　江西　葉自瑞　四十四名

知次一次等惟不學者無與焉蓋生知不可得而民下必不可居則
亦自力于學而已學知困學夫何擇哉月生人之所不可必者知也
而斯人之所大可恃者學也故吾不遽責人以知不知以寬其途而

一語道破　作法

必觀人以學不學以嚴其等舍曰不學則必生而知之者而後可也

明切　飛舞

天生知之不恒有亦猶下愚之不恒有而必曰生知也既亦思生而
知之者居何等哉心思猶是耳目猶是天若獨縱之而無所惜在天

透快淋漓　獨有文情　結束亭亭

亦不過特出一奇以絕斯人之妄冀若曰此則其無待于學者也或
邃古而生或中天而出天又若甚愛之而多所吝在天亦惟恐數見

井館不率字

不鮮以矛於人之退讓若曰惟此則可以學可以不學者也上此若

出題脫卸妙　又落下字

其生而已次也則有學焉已矣若其并不能為次而不甘于下也則

精空知話

有困焉已矣學則心緣之則無物足以相引而使之棘人有迸而

語妙　如語不支

不能即知者未有生而不能學者學以學其知非學其生之亦事攻

苦而心已無不通較之生知則困其次也困則思齋之則有力足以

自勵而不敢怠我之所限于生者知之德我之所不歉于生者學之

洗刷明淨

功學以求免于困不以困而自諉于生也幾經攻苦而心亦不終歉

帶下提

哉哉上上加居然又其次也安得謂之下哉上不足慕吾有吾學次亦

迭出

不足是吾奮吾困下不欲居者下之名而已奈之何有困而不學者

生而知之 一節　丹西 魏權 二名

聖人由生知而進言知皆以引人于學也蓋人即不必皆生知寧遜至為人下者則固有學知困知之而遂焉其如不學何然竟謂知之（遵異併信）一途非人之樂為巽也天定為之擬耳不知天早已謝其權也亦人（合毫）自為之分耳是故天事全而人事為甚易者亦人事至而天事可漸（原評神來之筆）幾而初不必斤斤然執一格以相絕也夫今之人饒言知矣然而幾（衍撥竟書）怠有學矣何則知出于生人以為此天事之逸也則生其畏心然吾懼人之勿為畏也知出于學人以為此人事之勞也則生其怠心然吾懼人之勿為怠也試思古今來知之一途有一二生者之外時不（二百三日耳書）

情竹

以學爲皇〻者。㦯彼夫均是知也而有人焉不惟使困知者望之而

却步即學知者亦願之而神驚斯其知不像然上焉者乎非以其生

精恣

而知乎蓋自天以知牖民而覺聰明則爲元后也而先知覺則爲聖

作開緣筆

寫三者字

人也然究之彼第能傲人以生耳不能傲人以知也自是而又有人

焉視生知者而瞠夫其後較困知者而已軼乎其前斯其知不居然

都用倒出見筆法

次焉猶乎非以其學而知乎蓋自天以知覺民而耳目勞則聰明日

原并錯綜焉

出也而心思殫則神智日生也然究之彼第幸遠于困焉耳未嘗自

跌宕斷續連

都用叉夾寫出

遠于學也自是而更有人焉不惟視生知者而相去什伯亦且視學

知者而殊☐異同斯其知不猶然又次者乎非以其困而学乎蓋自

天以知迪民而憂患所迫不終茫昧也而艱危所極漸近明悟也是亦惟終身于學焉耳豈必終身于困也否則不能為生知之逸又不能為學知之勞方日歆羨乎其上而遠以踊躋于其下焉脫令其早從事于學而寧至是哉而聞清淑之氣倘能盡人而鍾之則生知亦不覺其獨尊抑知自其始而邇之則任天任人固不容殊途乎嚴其格以別之所以絕人異倖之私而無為震驚無為逡巡造物即甚愛人固不能起既頹之性而使之復振耳則人事之未工不得歸咎于天事之獨拙且詩書蹶起之理倘其擇人而予之則學知亦可以盡屬抑知要其終而計之則任天任人固終歸一致乎寬其途以收之

跌落入古

從○切

說○出○聖○人○引○入○參○悟

關○重○困○而○不○學○上○勉○人○以

學○以○咎○于○生

一○篇○關○出○兩○層○直○入○方○城○之○塞

所以作人奮迅之氣而可以精進可以力勉天質即能限人正不能阻激厲之衰而使之終靡也而任人者之為數多恒倍于任天者之為數寡總今古知之統所以不絕于世者非學為之而誰實為之

學不一途生只一途

歸重學字本旨

不必破格求奇而標新領異正使求奇者自遲而返技至此亦難乎其難

汪杏村先生評

起處將生字學字並提以下躲貼白文生知學知困知鼎立三柱因而不學二句單行一段此正格也末二比渾發全題側重學字將宣聖引人婆心曲折傳出人饒言知幾忘有學小講下一筆入神

蔣梅士

丘之禱久矣　　陳嵩

聖人自信於既禱歟素行也夫苟有愧於素行而欲其禱於一朝庸可乎夫子無所用禱也亦久抱其誠焉耳今夫求於禮而有所謂禱也蓋欲省躬克己之士察生平之休咎以稟夫一日之從違也或者欲恃此一日以掩飾其生平至生平之所積皆所不計則又禱之一說誤之矣由也將執誄言以例丘豈丘嘗靜以自維此身亦二五之精也而造物之昭回因以鑒觀而不爽則陟降之赫與形氣而俱來此意即安能自寬於寤寐丘嘗動以自驗所行皆視聽之官也而聲色之主宰因以體物而不遺則昭格之嚴隨耳目而皆著此心又

（就請禱反折而入字上徹娓亦簡刻華）

（丘字起）（原許然有脩）

（說與曆廓者不同）

（似衛呂謀上妙其傳神）（入手皆見當然意方不）

題著禱字

誰敢自憐於居恒蓋禱不存禋祀之煩而在心志之容試思釋回增

○把○久○矣○亦○未○見○常○然○

美豈一日事耶而予懷何日忘之耶抑禱不在對越之時而在修省

○原○許○微○抵○頓○挫○波○入○不○能○望○見○　○頓○落○久○矣○

之際試思曰旦曰明豈一日息耶而吾躬何日逃之耶久矣丘之奉

○不○敢○字○妙○此下是自信其○○然仍帶當然○意矣

天而不敢違矣非敢謂知能行習動合自然也第念志學以來夙佩

循墻之訓而所謂聿修者幾何年所謂無忝者幾何年而顧若其觀

○原○許○停○端○游○然○

齋寔神明其視夫趨避之在今日其風不可長矣惟持此凜獨，惕

之意與天相守此際差堪自慰耳久矣丘之存誠而不敢斁斁非敢

請禱又括誄盡能協應也竊念定志而後常存居易之心而所為修

慝者我何事所為徙義者我何事則泰然者天君斯悠然者上帝夫

丘之禱久矣（論語） 陳嵩

（是不責輯之恐[illegible]處則）應感之在吾黨其望亦久宜乎矣更持此是非不惑之智以訣相會此意亦聊可告語耳夫然而緬而思焉詩歌屋漏書訓無愆禮垂儀（原許二比詞文高遠藹乎其言）若之大易著乾〻之義丘惟以删定贊修無負於古先者告無慙於眷佑夫然而類而推焉微服可行臨河則返畏匡信斯文之與〻耀（既自信于理即可無疑于數此亦[illegible]）豈吾道之非丘更以東西南北無虧於進退者免過謫於渺躬由乎（不得也折轉請禱意）疾藥偶經敢瀆靈於神祇成言可述止垂戒於中人丘亦自信其素行而已

原本卷籍運以精思兼能貼聖人神吻而出文必如此乃為不媿經義　原許

本朝考卷含真集　論語　涵碧齋定本

天下無自是之聖賢。夫子此言。寔有反身內省之意。俯首而思。仰面而語。其神凝。其氣婉。作者露一毫輕躁不得。然使故為委曲。則又非渾然口吻矣。吾于斯藝。良無間然。惟先見其當然。故能信其已然。妙在融合兩層。渾渾無迹。　偶川

丘也聞有　一節

內治之道。君臣各盡其分而已。夫家國相維。以至無傾。斯蓋建之策也
不此是務。而患貧寡何哉。夫子若曰。先王封建以治天下。所以固上下
之勢。亦以分守昭然。使人各循職勤理。而預遠于陵替也。人臣學古入
官。以佐理其君。亦惟稽先王之定制。令無圖度于非分而已矣。今季氏
有顓臾之伐。而子以為子孫憂。此其患識遠。雖然。丘之所聞不如此也。
丘嘗學（聞寡有顓委）禮。於昭代考制。於周官。知夫王者不能以一人而治天下。於是
設之屏翰。以樹后王君公。而（有國）建國有寧師之義。而人君又不能以一人
而理一國。於是分之寮采。而置大夫邑長。而（有家）承家有保治之規。此其大

周介生稿　下論

田錫于上世爵祿詔于王制體統足以相維權藉足以相制上下俱洽（筆力雄渾直是西京）

兵革偃息寧非制治之良圖貽後之善策哉故不均有患而版圖未廣

非所計也否要有患而封殖未衆非所慮也然豈不為子孫念長久哉（宕一筆為蓋字作勢）

而盛之所關顧知此蓋福莫大于無事而爭心起則德分偏上天道畏（蓋字直接無痕）

盈不可居也利莫大于不貪而修心薄則多取辱心物情忌聚不可攖（均字）

也已兩利相權以擇其於利者兩害相權以擇其於害者夫傾之為禍（倒字）

亦烈矣傾何以致此也由不均則不和而寡起于貧寡之患由不安則

必傾究且欲止于貧寡而不能矣若均則寡有此也均則無貧而和矣

夫制無寡而安矣安于安則忠愛生于下懽悅應于上強不凌弱以啓

數家不耦國以慓薄大順之化也至治之象也此興匱之資寡之患行
得魚多哉欽汇聞之所患在此不在彼也有國家者知此義當慎守
宗之典法以承先保世無近小喜而忘大憂為人臣者知此義當數求
先哲之格言以匡善格非無貪內治而勤遠略則國聽命于君家聽命
于大夫而太平之業可坐致矣
一首尾起伏承接補綴有自然之妙無斧鑿之痕文至此直是天工非
一使人巧此題向推董文敏作得此更覺後來居上　錢青臣

丘也聞有　一節　李興棠

審患於所聞計在定傾也夫貧寡宜患而不患亦曰非均和而安則傾且至矣況貧寡矣今夫以封殖之計與退讓爭則多筭者必取封殖矣以長久之策與敢亡爭則好大者亦必取長久矣兩者相持恒難立決迨夫箴銘在前鑒戒在後於是雖貪夫殉利不能不驚心禍至之無日而爽然自失焉季孫欲而二臣為之辭於有國有家之故其未有聞歟其聞之而不以告歟其告之而不必信歟夫謀夫孔多則發策者將無猶勿聽發言盈庭則風議者必先民是程丘實具聞（籠無砌）寧默而已乎古者遍建明德樹立藩屏國誓山河家錫氏族一世二

世以傳及于于萬世莫不自以為無患與人無爭也自王室多故而卿士傷逃死之難公家日卑而貴族抱先亡之戚患之興也其中材而遊讓世之末流者耶不患寡而患不均不患貧而患不安君子謂其情為已感矣雖然是說也吾嘗疑之兼并蕃滋命曰本計削弱空虛命曰隱憂守法制圖輯睦命曰坐困所患在此所不患在彼意其人抗志者耳矯名者耳否則恬淡寡營又否則枯槁寂寞視天下成敗得失無所動于中者耳烏知彼固嘗獨居深念熟變籌機終其身不願與人死亡之憂顛覆之禍而出于此耶夫貧寡不可為而可為也不均不安可為而不可為也衆人覩已然遠者測未至愚夫樂涉

獲智士防遠憂均而後無貧和而後無寡均和以圖安而後無傾斷如也國家苟至于傾勢敗矣事去矣宗廟既已夷子孫既已為氓（將傾字遞讀作收筆意淋漓盡致）濂求富乎不可得求衆乎不可得求貧且寡乎并不可得乃始徘徊流涕悼往悲今向惟見所欲而忌均安以至此極也今殄國喪家者而有知亦何顏見早計之臣長慮卻顧之士哉然後知所聞于有國（盡字神理）有家者非辭禍也以免災也非卻利也以絕害也

前幅籠無傾意逐入自見手眼後幅極得盡字神理行文更古雅絕倫下三句乃申明上二句意然均安貧寡上文所有和傾則下文生出且字面又加錯綜前輩作者苦心斡旋窮極巧妙此文

本朝歷科大題文選 論語

殆不及也然其用筆之高古亦似過之

丘也聞有國　二節

順天吳宗師科試　大興縣學　名　晏朝珍

得治國家之道、即遠人可無憂矣、蓋內治之道、在於均安、而貧寡無患、此雖非為遠人、而所以來之而安之者、正不外此、夫子曉冉求曰、謂求今者顓臾之役、內多欲而已、而乃曰憂在外侮、誠如求言、將欲釋其所憂、莫若審其所患者、今語予以所聞、嘗聞昔先王之治國家也、國則以貴統賤、家則以卑承尊、君臣上下、名以其分相安、而以其情相浹、是故人民之寡、非其所患、患有甚於寡者、寧寡焉而必不可以不均也、穀祿之貧、非其所患、患有甚於貧者、寧貧焉而必不可以不安也、蓋惟其均也、則彼之與此、皆緣分以定

互實有實理非徒鍛鍊字面

制雖有多寡之異而亦何至於貧況均則和焉而彼之與此可類

情以通欲自無貧富之分而又何見為寡且國家一患貧寡則不

奪不饜矣今既由均而和而有相安之樂則可無傾覆之虞此貧

東上起下

寡之不足患而古之有國家者必務勤於德也夫均安者德之本

綜文從自來無此潔白無此精萃

也名實之序事皆各還其分則仁義立而文教以敷恩諧之圍物

皆各致其情則禮樂興而文明以顯此豈惟以之善建不拔而保

世滋大哉凡所以輯寧中外招攜懷遠無不由是者一惟其如是故

立言

遠人之不服是必文德之不修也因修吾德以來之而品昭其軌

安　均

分繳上節創解確鑿

物致其休嘉初無假耀以甲兵而勤其民則不均不安之患正復

何時已哉即遠人之既來不謂文德之既修也且廣吾德以安之而使和其民人固其體域初無或肆夫兼并而利其有則為寡為貧之患正復何敢萌哉此則先王之懷柔遠人者固即其治國家（結束有力）之道而外侮不生內變不作惟審其所當患遂彌其所可憂也若求之言亦大異乎吾所聞矣

取類以簡舉重若輕講湯許者真不值一哂 原評

國家節文法錯綜惟俞嘉魚末三句題文能於上下截互異中逐句貼出實義安溪劉記祖其說而益加詳此文前半幅所本也至此二節緊對上取字說來言季氏不務均安而欲取顓臾

以自封殖。其患只在貧寡。不知貧寡非虞。均安宜亟。內治外安。
揔此一理。蓋文德雖非均安能盡。然均安為德之本。一切政治
皆所以文之。要其實都從均安做出。若舍文德而勤遠畧。豈惟
遠人不服。抑且內變将起矣。說者将此二節看作兩櫎。以文德
劃在均安外。在上下界添出遠人必服一層。則於理欠的。於夫
如是故字直下文義。欠通。而於前後都無關照。此文後半亦與
俗解。而與聖人立言之旨。致為體貼入細。

仟也　晏

丘也聞有國有家者　翁佶

述所聞以訓賢者有國家者知鑒矣盖子之所聞自丁為有國有家

者訓也為季氏計者亦聞乎之所聞乎今夫爵序尊卑秩分厚薄數

皆有一定之制故錫之茅土五等頒自王朝佩爾德銜三命隆于夜

各定上下之閒秩秩如也以故有社而君食采而臣者自當敬服制訓

矣求以季氏之伐顓臾為子孫憂耶夫費季之費也今日而不固爾

守後將無及矣求所聞如是也求之聞亦徒知有家者也家之外勿

矣顓臾魯之顓臾也他日而虞當乃後勢雖制矣求所聞如是也

聞不善為有家計者也家之外益勿念矣亦思有家必有國以

下論　乙未　小題觀略

下論　乙未　小題觀畧

族一則有國不當略之而有國必有家以助之則有家可漸計也丘

此二比提國則出宗旨二句法

之聞有國有家者也夫國何以稱也昔先王慮一人不能遠及故析圭

但映下文實字字實字

而分國土者孰檀孰執躬小者授蒲授穀版圖所書幾何土田所賦幾

轉調閑字以下分

何舒追殺乃迨於今大則陵弱矣小則覬強矣如是為有國者以丘

神

所聞則非如是為有國者之家又何以稱也昔先王慮獨君不可成

看其脈絡之妙

治絡領邑而有家一命再命無其秩縕紱赤紱異其章服宰而治者

幾何族分良田食有幾何所分有定也迨于今政逮而私矣祿去於

公矣如是為有家者以此所聞則非如是矣有家者之國家有獨係

借有字生發

之權焉夫家無所謂有也謂有國可耳此彊幹弱枝之說也丘亦無

彥之歎也。第思諸侯之有國，大夫之有家，斷不為一身計，而為國家計
也明矣。則以丘所聞正告，以明馭下之典。（奮○轉○愈○決○）且國家有共身之勢焉，夫
家即以之有國可言有家，何必不言有矣。此積輕成重之說也。夫
亦不必言也。第患有國而為諸侯，有家而為大夫，又不忝國家旦夕
計而必為此計也明也。丘所聞正欲以弭旁落之虞乎。非貧
寡之憂，不安之患，亦與于今之有國家者矣。

題眼在聞字，於聞字寔不得，借國家會次翻剔聞字，略點便活，既
不平平而自能動下矣。陸雯若

盡 只見有家夫子提出一國字，劍鋒甚利，却與家字並說，又正

下論

下論

上所以全下以意無此皆後人看書之論。在夫子與求有說。
諸後止得平句并豈有半句中又有此一字重此一字經之理
然因宮平做則平側做則鑿竹者得一法焉。於題前先將冉有說。
求訟而下意。轉出題情後綴國家平平說去。吾重國之意已得
矣。中比中帶側後。還平。總屬起手處破符數節之妙
悟書無難題只解難之法人未想到耳。

丘廻翁

丘也聞有國有家者　一節　高永年

○○○丘也聞有國有家者

保國家者用其憂于内者也夫計長久者無傾其極效也而均安（逆入便一線）

實始之奈何惟貧寡之是患哉夫子意曰天下長駕遠馭之畧可

以取快于目前不可以貽謀于身後故有共寧之土宇始有長保（頂前節子孫憂說來方是真脈）

之子孫而開無故之兵端必非世守之石畫也季氏其為子孫憂（逆留須字意）

哉則何不審所患若此丘聞之矣自古指河山以建國分采食而（先點出題字次點首句後曲折）

為家綱常既正則名分所以維持而内順外寧俾奕世享均安之（一股中分上下夜使有眉目仍不礙蓋）

福體統相承則根本即為鞏固而上睿下諧使宗支無傾覆之危（字語脈）

此固有國家者所深慮乎豈其不思竭誠以井牧之虛憂不甚乎（虛宕反帶開撥動下截）

交征之實禍人民雖寡自有可均之寡而不均則更無論寡者也

逐頓字不能見

正、煞、

故不患也豈其不患貧誠以軍國之匱乏不加于尊卑之相通經

賦雖貧自有可安之貧而不安則更無問貧者也故不患也不然

反、振、入、下、截、得、此、一、段、文、勢、更、排、宕、

始以一念之貪遂啟黷武窮兵之漸而繼以無窮之害寖成土崩

瓦解之形將患不止于貧寡而有者終至于傾也國家亦何利焉

順、接、蓋、末、句、又、一、挨、

蓋國家以傾為憂以安為福故豐亨豫大不必虛言山海之藏而

融三為一

在秩然胙土分茅之有等均所以使之和也戶口殷繁亦不必廣

求億兆之衆而在雍然君臣上下之有序和所以贍之安也夫且

筆端搖無一字漏略頭緒極清

無傾矣而又奚貧寡之足患乎吾聞有國家者其用濟蓋若斯之

窬。也。季氏將何居焉

玲瓏穿漏。雜安放處。適得天然。是真先輩。顧麗天

何丈屺嶁。就董宗伯文云。前半兩中藏三。後半三融作兩。二語

已盡匠巧。作者胎于此。上下理伏處。如印脈縈紆。那更滲漏。

其行文之精彩方當突過前人。

丘也聞有國有家者

和州李太尊季考 唐進賢
含山縣學一名

國家各保其所有、聖人為遏欲者述所聞焉。夫國與家固不相妨也，季氏奈何欲利國之所有乎、宜夫子述所聞以告之、且國家之不相戰也，其起于各私所有乎。夫家國之間，不可自私其所有，而（擒有乎已含）亦不可不自知其所有。（下意）試即古人之遺訓而顧名思義，夫固知所有者俱為一定之分，而毋容假易也。顓臾在魯、而季氏顧欲之乎。昔先王知天下之不能獨為理也，我伯叔甥舅共此功名久矣。予一人敢自私焉，于是錫之帶礪，永享茅土之榮，而國以建。（領清國家）又知一國之不能獨為治也，爾二三陪臣共襄王事久矣。予一人豈敢愛

焉于是錫之穀祖共受湯沐之賜而家以歆迄今即家國之封考
家國之義體統相承内外維繫固綿綿若前日事也在也因嘗有
（有慈）（出奉）
國而還念夫所闢有國者因季有家而還念夫所闢有家者準爵
詔祿其將為報功之典典則勳在盟府自宜一視曷為而有家國
之殊不知國自成其為國非損家以益國家自成其為家非肥國
（詩必闡明）（截佳）
以齊家截然不紊之中夫固可一望而知其為有國者一望而知
（題佳）
其為有家者剖玉分符其將為親親之典典則派衍天潢宜無二
致曷為有家國之異不知積家而為國國非處于有餘分國而為
家家非居于不足盡然不淆之等雖越百世而不改其為有國者

雖百世而不易其為有家者。晉國兼數圻之廣，荆楚肆蚕食之謀，（波動忽青山）今之有國者槩可知矣。使以吾所聞者告之，則無所歉于國之中，（句中有眼）又何所溢于國之外。曲沃歎而嘆椒聊，京城封而哀蔓草，今之有家者槩可知矣。使以吾所聞者語之，則無所溢于家之外，又何所歉于家之中。國有強弱之異，而統名之曰國，則屏藩皆所以拱朝廷。（包澤下文收非浮藻）不聞齊陳魯衛強者可以國苞桑，而鄒費剡郯弱者遂自即于澌滅也。家有大小之殊，而統名之曰家，則采邑皆所以養廉節。不聞三都之城堞可以擅有餘之雄，歷而九縣之版圖僅以供臣妾之奔走也。（大奇無窮）狐裘之咏，傷心大去之悲，此有國而無國者也。得吾之所謂而屋其社者可厳再造之區宇宗廟之犧伏為歆祀之勤此有家而無家者也得吾之所聞而收其里者可新奕葉之箕裘觀於當患不當患之間此家國之所以永算于勿替也

合縕全節仍是一句分剖眼光四射骨節都靈　紅靜山

丘也聞有國有家者

唐進賢

為是説者也所聞國家各有其有焉蓋國自有國家自有家不相妨也季氏何欲乎予故述所聞以示之且國家之不相戰也其判於各私所有乎如家國之間不可自私其所有而亦不可不自知其所有古訓具在可追述也顓臾在昔而季氏欲之乎昔先王知天下之不能獨為理也而與伯叔甥舅共治之錫之帶礪而國以建又知一國之不能獨為治也而設卿士大夫共襄之賜之組綬而家以立固赫奕前日事也今丘也固還念夫所聞矣羅爵詔祿其將為報功之與欲則勳在盟府自宜一視曷為而有家國之殊不知國自成其為

國本自厥其為家藏焉不紊之中夫國可一望而知其為有國者一望而知其為有家者剖土分茅其將為瓜瓞之典歟則派衍大漢宣繫于扶蜀漢為有宗國之異不分積家而為國分國而為家畫然不淆之苗裔越百世而不替其為有國者越百世而不易其為有家者故國有彊弱之異而統名之曰國則侯藩所以奉朝廷不聞疏者可國苞桑而弱者遂自即于澌滅之家有大小之殊而統名之曰家則采邑所以養廉節不聞大者可以擅百雉之雄風而小者僅以供臣妾之奔走也求何獨來之前闢邪

脂攝全神如題收束是絕妙手筆

丘也聞有　一節　　張壎

善保傾者知所患各得其均而已安矣夫國家徒知貧寡之為患不（從傾字說入）知傾已隨其後也經所聞而名和寧有他道哉且無故而傾人之國利其所有以張我強大之勢而益我富厚之實乃藉之以為兵端此其事為不祥而于分為不順然而持策獻謀之臣往々託公義而遠後害無他焉患生于多欲而其中無厭也（倒筆點患字）彼季氏者惟貧寡是患夫亦有以吾所聞告之者乎昔先王之均天下也（均字）樹以后王君公承以大夫卿長故國統夫家々卿于國共山川土田之制人民兆庶之數什一相比不相等也大小相差不相奸也亦使凡有國有家者各長

去○字

保其子孫世々相安以無遺後患耳豈有不均而不均之象即起于人心厭寡之端于是多方以求免于寡不知一失其均後將欲寡而不能豈有不安而不安之象即中于平日厭貧之情于是百出以求免于貧不知一失其安後即求貧而不得此深計極慮之士所以不敢苟求旦夕之安而遺子孫以傾亡之患也

直○來○傾○字

夫古來有國家者雖歷世久遠未有不傾而傾之患豈盡出于貧寡哉

蓋○字○神○理

大抵覬覦之心勝而上下相猜因以有不和之事名義之閑失而君臣相亂遂釀成傾覆之虞固非特不安而已也究其實則皆不均之所致也

二○分○拯○有○線○索

有如均矣則國之用不以移于家々之用不以侵于國有定分而即有定財吾未

丘知止足者之獨不足也○均焉則已和也○和則國之情不以疑于家○家之情不以二于國○無悖德而即無悖民○吾未見聯一體者之有解體也○亦何患不安哉○此有國家者之所以長守富而民不携也○不然○夏○傾○不○已○焉○得○無○貧○不○安○已○甚○焉○得○無○寡○又○安○望○其○上○下○相○和○以○成○子○孫○萬○世○之○業○哉○古○人○之○善○用○患○者○蓋○以○此○也○（米○患○字○醒○蓋○字○）苟不知各均之利而沾沾焉貧寡是患是出萬有不傾之途以求安吾未之前聞矣○

題語上下參差不齊最難措手○篇中隨題制變意匠經營○極爲巧妙○

丘也聞有國有家者　葉蔚林

惟安與有國同訓聖人欲其共聞之也夫季有家者也苟無國何有家乎古人所為合而訓之求亦聞夫子之所聞否耶且先王封建既福國並列此凡羣馬於是開國承家各有其分盡之道其不踰之人著之訓辭垂為令典欲在後之倜敬而聽可猶夫一己之欲而漫為不可知之慮也求為季氏飾詞第知之為者者計耳不以為有國者計也吁異乎吾所聞矣茅土未錫諸差朝繼有雄心豈然啓山林而闢之率肆然撫一切數圻之域職司繼之於官府使無爵命詎符亨食邑而各貳宗祠然田

下論

秉百乘之貴英而有之矣合家而成國有如懷柔五宗以施七
所為克奉以侯以為民望者國賴之守也無國而立家有如親則
公族勳　世臣所為世而設參以作倚毗者家仰乎國也此其有
易而得而有者未可或忘其所以有且與其所以消也求不
紀侯大去　無歸詠式微於中露瀆尾蒙戎有數傳而不
有國者矣夫其介大而長冠譬誠亦無可如何并保界河
君臨臣庶土田所庸無非君公之富盛而況夫有家之垣護而與
鄭若股肱之於元首也故堂廉雖遠有國者而未嘗迴絶於有家
掐伯有之魂田若敖之鬼驚二勳之陂祀分疇食采有溥盼而不

有其家者矣夫其習沐修而取覆敗斯亦徒為世戒若綴連屬藉力藏旃常共事同僚無非大夫之親暱而況有國之庇蔭而眷顧若腹心之於手足也故尊卑雖殊有家者必無敢或迷於有國頒數爵變遷之會乃有嚴邑之封家遂有百雉之局所為三一家之一九之一亦皆循保邦之制則國之自督於家也先王寧于家國以國統家即使以家承國其所以深謀而長計者義固野夫八也事載典冊豈無與綱維還渾而稱曰有國有家者事勢至頹敗之時國有豪家之擅突敝何偶國之嫌所為十於卿四於大夫上士不必尚由制祿之舊則國之下則於家也

丘也聞有　葉

十　論

臣為國為　臣得家且毀家紓國其所以重夫而知此者意
切於忠愛之理關治忽豈儼同休戚不啻而念為有國有家者綜
國究之亦有保世滋大之利明有國有家之分斯為迓祥遠咎
亦何不均不安而有貧寡之患也不亦異夫吾所用乎
斗都側古御　平踏實步虛全無蓋濫之態是方家舉止

丘也聞有 節 錢 禧

國家有無患之道以憂為辭者非也夫均安則國家長治矣傾且
對憂字真詮
無有奚貧寡足患哉夫子疾冉有以子孫憂為辭故責之曰謀人
之事誠不可忘所患也患生于有欲則鄙瑣難以告人而計利者
其害必鉅患生于無欲則訏謨可以垂訓而遠禍者其福必長求
重頓前分洗出
采為後世憂也即奈何不如丘所聞之昔者先王以天下之人民
均安二字正面也為下三句伏脈
命有德以天下之土田賚有功樹君公于國置大夫于家名位秩
然罔敢踰越至均也國下逮于家家上承于國恩義相接雖若一
體至安也誰見為寡而患之見有寡即不均也不均患有甚于寡

者誰見為貧而患之見有貧即不安也不安患有甚于貧者不患寡而患不均不患貧而患不安丘所聞于有國有家者如此一著潛

蓋字

接滑精神

熟計而身處之王者善建不拔莫嚴乎定君臣之分使為之臣者覬覦絕而患爰生聖人致治保邦莫大乎一上下之情使居其下者君父先而子孫後是故均則無貧而和矣和則無寡而安矣安則不獨無貧寡而直無傾矣國家之榮業以和為極而均固所以開其始國家之歷年以無傾為極而安固所以學其終是以我聞

收斂首句

所患在此不在彼也由此言之先王封建之權出之至公故垂之

縈繞闡字義正詞嚴

永久人臣以道事君當詳明祖宗大法不可以僭踰之姿舉壞我

典章古人恃盈之道可以養心亦可以保世君子學古入官當繫

求前哲格言不得以富强之私圖託為善後一求也患其所不當患

不患其所當患何不聞丘之所聞焉

前後從丘聞字摟引古義折服由求先輩所未及　陳百史

此題人只為下三句內增出和字傾字一味去講幹旋遂將立

言大意不能暢發先生絕不事糾結自有隨手安插之妙高文

宏議字字精采　朱廉一

丘也聞　錢

○○丘也聞有國　一節

國子監　吳少司
成月課二名　饒士上

爲有國家者述所聞知所患而患乃無矣夫有國家而惟寡與貧之是慮獨不患不均不安者之足以致傾耶求也尚未聞此可謂具臣矣予以爲夫人一器之微必措之弗傾之地而後已況其大者乎天下禍機之所伏常發於人之所不及防古之人知深憂之適爲淺計也故但使上下之間猶分各得而不存一防之之心者即已絕夫致之之道斯害端爲最急國昔者先王衆建諸侯胙君以土而有國然後分臣以采而有家衆寡貧富家豈敢與國較哉自有患之者以吾勢之弱而懼其弗振也則思併衆以爲强以吾財之匱而恐其弗繼

取傾字銳入

對針憂字

也則圖兼地以自廣曰吾所患獨寡與貧耳令得免于寡貧矣吾後世子子孫孫其永享之無斁後何傾覆之有雖然匪丘攸聞也丘則聞有國有家者其所不當患有二其所當患亦有二登戶口而數不見盈積歲入而賦恒見絀豐嗇不齊有定制焉此不當患者也大都而以耦國生嫌朝守而以相疑起釁君臣弗信有危機焉此所當患者也夫人之恒情當其患寡與貧時必立去乎寡貧而其心乃快及乎乍一發而難收勢忽移而莫挽遂有求為寡貧不可復得者焉國夷為編氓棄御除為輿隸豈其民之未衆而積之未厚哉禍始于不均而不均之內遂生不和不和之內遂生不安斯理勢之固然無足

怪者然後信古人之謀國家也有所當患誠哉其不可不患也有不

（扳起筆字從將患不患一切）

當患誠哉其可以不必患也何也盖均則已無貧也君十卿祿而臣有其一豈患或缺于使均而和則已無寡也侯同萬民而臣有百姓豈患不足于使既均且和則安矣安則又無傾也心膂相托而上下

（二股反覆痛快透体俱振）

無猜豈患不免于危夫人即遠慮亦祇求無傾已耳顧不求均而爭非其有不求安而侵非其分處心積慮事事出于必傾之一途則不寡而寡不貧而貧貪得無窮豈可倖微知足之韞人苟善謀則惟恐或傾已矣故均也而分所應得猶損以明廉安也而禮所宜優猶歛而就節夕惕朝乾念念懼出于不和之一境于是寡亦不至不均貧

亦不至不安公私既協還無觖然慮外之虞季氏有家而貧寡是患也既大異乎丘所聞矣而求更爲之邊計焉將使患貧寡者常得守此貧寡不亦難耶

醇茂深蔚西京之遺　原批

注意無傾上對子孫之憂下射蕭牆之變自出機杼說得乃爾淋漓愷切

丘也聞有　二節　顧淵

國家以內治為重、不在利遠人也、夫國家所重、在均安和、貧寡傾不足患、況遠人乎、則惟以文德來之安之已耳、夫子備述所聞曰、善謀國家者、亦在善保其所有、豈以利人之有為有哉、蓋上下有交維之勝、道以整肅為大綱、內外有分、員之酬道、以撫綏為脩德、從來明於籌策者、競競、固本不詰戎兵於疆外、故休嘉集遐邇寧也、求乎不開先王之制乎、想其建六服以藩屏、此疆彼界、不相陵而國、繇國因而分食采於鄉、貳大都小都、居敵偪而家自為家、惕以安上全下、協小國、治[illegible]卿也、嘗聞之矣、今夫有國家者、分為重情繁之而富強非所計也故不患寡而患不均不患貧而患不安蓋國家之福莫大於均國家之禍莫甚於傾惟均則君臣定而穀祿平均而和則上下交而民物聚均而和且安則猜嫌悉而發固形無寡也無貧也奚有於傾國家之修內治如是且夫盛世不贊黷武之謀者端綱紀熙朝自飭廟堂之業遑問邊塵夫如是其均安和也正朝廷以正百官正百官以正邦畿君令臣共胎其庶民安物阜譜其什故境以內無不肅之情文而邊方動靜無關至治之數寧且苞桑啟而已不見不足氣運昌而人不見有餘風聲既樹於域中政教必周乎環海故境以外無終職之感應而

（節節）（點題簡括）（屹○然○山○立○切○響○堅○老）（神、氣、一、片、）（神○合○情○深○文○明○今○人○讀○一○警○節）（二○比○辭○腴）

六字休和羣仰明廷之耀德蓋均安和文德也以之治內即以治外故遠人不服則修以來之誕敷之化不儆震疊也既來之則安之撫字之恩各奠疆圉也亦不過以我國家之所有與遠人共守之而相率於均安和之中也是則某之所聞也夫抵之患在寡則必利遠民患在貧則必利遠之地而患在不均不安不和則必不利遠人以爲國家計誠使均安和之德修之又脩敦明經綸聯屬恩誼齊畀名得遠近一心豈非有國家者之慶哉此先王之制所以自昔爲貽也今則不可問矣

愈融洽愈明快

通體得緊字訣故精團力聚脉注筋擿可謂透帖力排奡者

本

提明先王之制自是巨眼而通首脉絡井然打疊雲箋又復簡

練精瑩神理酣暢洵推毫髮無遺憾波瀾獨老成　張慎餘

機杼天成風骨蓋世此中筆底自具錘爐故語〻警鍊奪目此

藝精能不得不讓吾友　徐香沙

丘也聞有　一節　顧三典

國家有所當患者推其效而益信也夫不均不安何足為國家患
而抑知和之所以生與傾之所自免乎就所聞推之而患貧寡者
可以已矣且有國家者而為子孫計長久勢不能晏然而無患乃
一二智計之士恒相與謀生聚策富强自謂能任國家之患矣而
筆意古勁
近者及其身遠者及其子孫不出數十年而國非其國家非其家
者其故何也以丘所聞而知其漸然不與者一今夫先王之制衆建
萬國而以家承之安有不均又安有不安顧往往不均者則必患
寡之為也天地生人止有此數而有餘于此勢必不足于彼理固

顧有常真稿　論語　辛酉　德光堂

然耳獨是招攜懷貳國家宜遂無術而早夜經營適為朝野當一（對針文德）不均之象子孫其易賴乎丘所聞者則斷斷乎不患寡而患不均抑徃徃不安者則必患貧之為也一時經費各有定額而彼求其氣此必不甘于細紲勢使然耳獨是裕國裕民國家豈必無方而殫精罪慮適為上下結一不安之情子孫豈有幸乎丘所聞者則斷斷乎不患貧而患不安乃世之患貧患寡者固有辭矣曰吾之所（疊起波瀾忌其為補辭）患豈止是哉從來霸顯餘威永及苗裔而一二浚明亦必異以貧寡世其家者假令度支匱而無以供倉卒之求戶口衰而易以啓彊鄰之患則貧寡之後日必至于傾而何得不患抑世之不均不

安者又有辭矣曰吾所當患者豈在是哉從來君臣輯睦享國久
長而鄉士大夫遂無以寡貧終其身者假令尊卑既定而未免乎
猜疑之嫌上下相忌而漸以成潤絕之勢則均安之外必別有以
致夫和而又何必總總然以此為患哉乃吾由所聞推之則有不
然者天下有均而貧者乎均而無貧則必和矣而何患不和一天下
有和而寡者乎和而無寡則已安矣而豈患或傾綜而論之和與
安有交至之福而非均無以開其始何也今人之相爭者財耳一
人之財十人分之則一人貧十人之財一人擁之則十人亦貧貧
者必爭爭而不已則欲此俱無以相廠而危机伏焉惜也其不均

細切猶不可粗[illegible][illegible]論

顧有常真稿　論語　丘也聞　二

也合上下而予以分之所需然而始之不相爭者總之且漸相忘
於手丕基永奠而奚大猷者乃同惟安則然也吾以為惟和則然
恰好妝時所聞二句織綿軌季氏
也而念反于和之所由致則奈何其不患不均也哉均與和有交
至之利而惟安有以收其成何也今人之軌者勢也勢在一日而
然以及百年則一日可危勢在一身而無以及奕世則一身愈危
危者必亂亂之兆未形而欲止之無以相救之矣其不安矣統君
民而予以情之所各得而始之不相軌者繼之乃克相守至于宗
社倚寧而嗣先烈者雖貧亦不傾也雖寡亦不傾也而念及于顓
之所以免奈何其不患不安也哉一篇傾以此為季氏戒也

丘也聞有　一節　戴名世

非所聞而後為解之乎以為有國家者訓也夫患寡而即無寡患貧而即無貧者未之有也均耶和耶安耶有國家者可不知所以用其患耶今夫人心之欲無窮也每厭少而喜多而天下之勢無常也每因利而得害於是意外之事君子不求惧其失分內之圖也無故之福君子非所謂其階無望之禍也顓臾之伐何為乎欲之也欲之者患之所為也計較于大小強弱之間而勃勃焉動於心也斯患之矣輾轉于富貴權位之地而皇皇焉若不足也斯患之矣患之者何曰寡曰貧吾取多焉則必有受寡之患者吾所取愈多焉則並有不能

從、欲、字、

即○貧○患○寡○患○貧○有○出○或○均○安○来○

片○借○映○兩○字○

保其寡者而吾不顧也吾取富焉則必有受貧之患者吾所取愈富焉則並有不能保其貧者而吾不顧也若是者斯亦可以無寡矣無（搀被下截）貧矣而不知其患正未有艾也始也患貧患寡而其既也且不免以（穿出隨呼）傾為患登乎自古之有國有家者往往傾覆相尋而不已豈其皆寡與貧哉患寡患貧之所為耳而以丘所聞則不患此雖然患亦有之矣有國者之數常處盈有家者之數常處絀若儕乎不均也而不知（又從齊寡意有出均安外）此乃均也不然而家非其分人思奪之矣此可患也有國者之勢常處強有家者之勢常處弱若儕乎不安也而不知此乃安也不能而權或倒置人皆有競心矣此可患也不患寡而患不均不患貧而患

不安丘之所聞者如此噫乎是豈迂濶之計吞貧寡卒不能免者哉
蓋貧寡之患由于不均有如國如其國家如其家而無侵奪之虞各有（癸上六脫首凶　繳轉上截華上澀院　找上細）
其有者自各足其用也斯曷嘗患貧哉亦曷嘗患貧哉故曰患不均也
（堆壞眼而下）均矣可不患貧並不患寡何者以其和也寡之患由于不和有如以
睦俯家以家仰國而無猜嫌之漸同德有以一其心者同力自有以
卑其勢也斯曷嘗患寡哉亦曷嘗患寡哉故曰患不均也均矣則必和
況已無貧後且無寡若是者何其安也國家之傾由于不安有如國
安其國家安其家而無震動之虞有百世之計者自無一朝之患也
斯即貧〻豈傾斯即寡〻豈傾哉而況乎不貧不寡哉故曰患不安

也嗟乎有國有家者不可不聞是言也今之有家者往往欲傾其國
而不知國之既傾其家未有獨完者也且夫國之未傾其家未有不
患敵者也以患寡故不均以患貧故不安以不均故不和以不均且
和故不安以不安故遂至于傾而向者不寡之人夫即患貧患寡之
人而終至于為不能自保其貧與寡之人窮其故則由于欲之也欲
之為害不亦甚矣哉

上截以寡對均以貧對安下截字字回易又增出和傾兩字求其
安頓妥適指畫明淨如董思翁作已不易得乃更瓏玲變化鬼設
神施或如貫珠不絕或如連環忽解吾疑其有千手目也何以聽

於題緒之參差錯落者整齊畫一如天造地設而貫串處亦復嵌空玲瓏可云濯髮無遺憾波瀾獨老成

八科大題貫録

丘也聞三　戴